LA ANSIEDAD

31 DÍAS

DEVOCIONALES PARA LA VIDA

Deepak Reju,
editor de la serie

La ansiedad: *cómo conocer la paz de Dios*
Paul Tautges

La depresión: *encuentra a Cristo en las tinieblas*
Edward T. Welch

El duelo: *caminando con Jesús*
Bob Kellemen

El enojo: *calma tu corazón*
Robert D. Jones

Hijos descarriados: *cómo hallar paz y mantener la esperanza*
Stuart W. Scott

Un pasado doloroso: *cómo ir sanando y seguir adelante*
Lauren Whitman

La seguridad: *descansa en la salvación de Dios*
William P. Smith

La vergüenza: *eres conocido y amado*
Esther Liu

LA ANSIEDAD

Cómo conocer la paz de Dios

PAUL TAUTGES

P&R
PUBLISHING
P.O. BOX 817 • PHILLIPSBURG • NEW JERSEY 08865-0817

Traducido del libro *Anxiety: Knowing God's Peace* ©2019 de Paul Tautges, publicado por P&R Publishing.

Las cursivas incluidas en las citas bíblicas indican que se ha añadido énfasis.

Traducción: Rodrigo Hinojosa, Querétaro, México
Corrección de estilo: Stephanie Ann Michel, Vancouver, WA
Maquetación y diseño de portada: Francisco Adolfo Hernández Aceves, CDMX, México

Impreso en los Estados Unidos de América.

Library of Congress Cataloging-in-Publication Data

Names: Tautges, Paul, author.
Title: La ansiedad : cómo conocer la paz de dios / Paul Tautges.
Other titles: Anxiety. Spanish
Description: Phillipsburg : P&R Publishing, 2023. | Series: Devocionales de 31 días para la vida | Translation of: Anxiety / Paul Tautges. Phillipsburg, New Jersey : P&R Publishing, 2019. | Includes bibliographical references. | Summary: "La ansiedad hace que el cuerpo y el alma sufran. Estas lecturas devocionales diarias, preguntas de reflexión y aplicación práctica alimentan la fe que fortalece la seguridad y la paz interior"-- Provided by publisher.
Identifiers: LCCN 2022051201 | ISBN 9781629959610 (paperback) | ISBN 9781629959627 (epub)
Subjects: LCSH: Anxiety--Religious aspects--Christianity--Meditations. | Peace of mind--Religious aspects--Christianity--Meditations.
Classification: LCC BV4908.5 .T3818 2023 | DDC 152.4/6--dc23/eng/20230103

Contenido

Cómo luchar contra la ansiedad

Consejos para leer este devocional

Al principio de nuestro matrimonio, mi esposa y yo vivimos en el piso superior de una casa adosada, en un pequeño departamento de una sola habitación. Cada vez que llovía, las goteras del techo se filtraban y caían en nuestro piso. Recuerdo que colocaba cubetas en distintas partes del departamento y observaba cómo el agua goteaba lentamente, gota a gota. Colocaba cubetas muy grandes y pensaba: *Va a pasar bastante tiempo antes de que se llenen.* El agua se acumulaba progresivamente, y muchas veces me sorprendía lo rápido que se llenaban las cubetas, que se derramaban si no les daba suficiente atención.

Este devocional es como la lluvia que llena las cubetas. Es lento, pero se va acumulando con el tiempo. Solo vemos un par de versículos cada día. Una gota, otra gota, otra gota. Solo unas gotas de la Escritura diariamente para saciar tu alma sedienta.

Comenzamos con la Escritura. La Palabra de Dios es poderosa. De hecho, es la fuerza más poderosa de todo el universo.[1] Convierte el corazón de los reyes, consuela a los humildes y da vista espiritual a los ciegos. Transforma vidas haciendo grandes cambios. Sabemos que la Biblia es la Palabra de Dios, así que la leemos y la estudiamos para conocer a Dios mismo.

Nuestro estudio de la Escritura es práctico. La teología debe cambiar la manera en que vivimos. Es crucial que conectes la Palabra con tus luchas. Al leer este devocional, encontrarás la palabra *tú* con frecuencia, pues Paul te habla directamente a ti. Cada lectura contiene preguntas de reflexión y sugerencias prácticas. Te beneficiarás mucho más de esta experiencia si respondes las preguntas y realizas los ejercicios prácticos. No te los saltes, hazlos por el bien de tu propia alma.

Nuestro estudio de la Escritura es un acto de adoración. La ansiedad puede arruinar tu vida. Y, en esencia, cualquier lucha contra la ella es un problema de adoración. Puede que estés preocupado por problemas financieros, enfermedades, problemas en el trabajo, un adolescente rebelde o algún otro problema. Estas cosas son los objetos de tu ansiedad y consumen gran parte de tu tiempo y energía. No obstante, esto es primero un problema con Dios. ¿Es en realidad soberano el Señor sobre tu vida? ¿La paz de Dios gobierna en tu corazón? «No tendremos suficiente para los gastos». «Estaré con dolor durante meses». «Mi jefe me odia». «A mi hijo ya simplemente no le importa». Hay una guerra en tu corazón y tu ansiedad es una manifestación de ella. No hay paz interior, solo angustia continuamente. A medida que la presión se acumula en tu exterior y las preocupaciones crecen en tu interior, te das cuenta de que no puedes pelear por tu cuenta.

Es probable que hayas tomado este devocional porque la ansiedad está dañandote. Permíteme elogiarte; ese es un paso importante. Pero también permíteme señalar que vencer la ansiedad no se trata de eliminar nuestros problemas (por más útil que pudiera ser eliminar algunos de ellos) ni de encontrar maneras sanas para manejar nuestras emociones fuera de control (aunque eso es útil también), sino de acudir primero al Señor en busca de ayuda. La Palabra nos dirige a Cristo, quien nos rescata de la ansiedad y reorienta nuestra vida. Podemos encontrar descanso. Una paz interior viene por medio de Cristo.

«Ten ánimo». «Sé valiente». «No temas». Estas son frases comunes en las Escrituras. No existen soluciones rápidas cuando se trata de vencer la ansiedad. Luchar contra ella requerirá orientar toda tu vida hacia Cristo. Tu objetivo al luchar contra la ansiedad siempre debe ser adorarlo a Él.

Si este devocional te parece útil (¡y espero que así sea!), vuelve a leerlo en distintos períodos de tu vida. Complétalo durante un mes a partir de hoy y luego vuelve a leerlo dentro de un año, para recordar cómo pelear contra tu ansiedad.

Este devocional *no* pretende ser una guía exhaustiva para lidiar con este problema. Ya se han escrito buenos libros con dicho fin. Cómpralos y úsalos bien. Verás que hay varios recursos en la lista que se encuentra al final de este volumen.

Eso es todo por ahora. Comencemos.

Deepak Reju

Introducción

Cuando el pánico ataca

Hace seis años, no hubiera podido escribir este libro. Era un prisionero. La ansiedad me tenía incapacitado y cautivo. Satanás aprovechó una temporada extensa de depresión que atravesé, la cual fue desencadenada por el impacto de un sinfín de dificultades en nuestra iglesia y familia. Las presiones crecientes de todas direcciones, junto con mi propia respuesta airada, entraron en colisión para crear un torbellino de temor. Había experimentado la ansiedad en el pasado, pero nunca así. No podía seguir adelante. Algunos días, ni siquiera quería hacerlo.

Dos veces, fui a la sala de emergencias con síntomas de un paro cardíaco. Después de mi segundo viaje a la sala de emergencias, mi médico me envió al cardiólogo para un examen de sangre y de estrés. Los resultados determinaron que no había tenido un paro cardíaco real (del tipo que causa daño permanente al músculo del corazón), sino más bien un problema cardíaco inducido por el estrés que provoca solo daños de corto plazo.

Mayo Clinic lo llama *síndrome del corazón roto*,[1] un problema cardíaco temporal producido por situaciones de estrés o pérdidas dolorosas. Esto implica un incremento en las hormonas del estrés que afectan la función normal de bombeo del corazón. Esta condición imita un paro cardíaco al provocar síntomas parecidos, incluyendo dolor en el pecho, dificultad respiratoria, pulso irregular y debilidad general. Cuando esto sucede, las personas creen que están teniendo un paro cardíaco. A mí me sucedió... dos veces, en menos de un año. Y lo que experimenté es más común de lo que creía.

Tal vez puedas identificarte con una o más partes de mi historia. Tal vez no. Lo que importa es que todos luchamos con diferentes formas de ansiedad.

¿Cómo es tu ansiedad? ¿Es una preocupación ligera? ¿O un pánico total? ¿O algo intermedio? ¿Escogiste este devocional porque los sentimientos de ansiedad van y vienen... o porque son constantes? Sin importar cómo se refleje tu ansiedad, la Biblia tiene palabras de verdad y de paz para tu mente y corazón. Las Escrituras le hablan directamente al corazón ansioso de maneras útiles.

La ansiedad está entrelazada con nuestro cuerpo

La ansiedad es una parte persistente de la condición humana. Es tan común que se estima que veintitrés millones de estadounidenses sufren de ataques de pánico, y millones más se identifican con algún tipo de desorden de ansiedad. Es útil darnos cuenta de la honestidad con la cual las Escrituras muestran este lado de la experiencia humana, describen el efecto que la ansiedad tiene en nuestro cuerpo (y viceversa) y motivan la fe que fortalece la seguridad y la paz interior.

Hace miles de años, los patriarcas judíos reconocieron el impacto de las emociones poderosas en el cuerpo. Por ejemplo, Jacob temía la posibilidad de una muerte prematura producto de su profundo dolor y angustia (ver Gn 37:35; 42:38; 44:29). Cuando su hijo Judá le rogó a José que liberara a su hermano menor, Benjamín, le pidió de forma específica que le permitiera a Benjamín regresar a su padre. Judá dijo: «Ahora pues, cuando yo vuelva a mi padre, su siervo, y el muchacho no esté con nosotros, como su vida está ligada a la vida del muchacho, sucederá que cuando él vea que el muchacho no está con nosotros, morirá. Así pues, sus siervos harán descender las canas de nuestro padre, su siervo, con dolor al Seol»; es decir, a la tumba por una muerte prematura (Gn 44:30-31).

La Biblia también contiene ejemplos de lo contrario: ansiedad causada por sufrimiento físico. El autor del Salmo 102 le rogó a Dios que lo escuchara en medio de su angustia, la cual no estaba conectada con su pecado, sino que ocurrió junto con sus aflicciones físicas (ver vv. 3-5). Job también es un ejemplo de esto. Como resultado de una pérdida inmensa y un dolor físico desgarrador, experimentó una profunda ansiedad. «No tengo reposo ni estoy tranquilo, no descanso, sino que me viene turbación» (Job 3:26). Incluso el apóstol Pablo experimentó cargas «más allá de [sus] fuerzas» (2 Co 1:8). No se requiere mucha imaginación para ver cómo su sufrimiento mental era consecuencia de su sufrimiento físico.[2]

Las Escrituras sanan nuestra alma

No solo nuestra forma física fue diseñada minuciosamente por Dios, ¡sino también nuestra composición emocional (ver Sal 139:13-14)![3] Fuimos diseñados de forma tan asombrosa por Dios que Él merece ser exaltado y alabado... aunque la interacción completa entre nuestro cuerpo y nuestro espíritu, así como el entendimiento de nuestras emociones hermosas pero complicadas, siguen siendo un misterio.

No obstante, una cosa es clara: *siempre estamos conformados por cuerpo y alma... juntos... siempre.* Sin importar cuáles elementos físicos puedan contribuir a nuestra ansiedad, toda lucha mental o emocional que experimentemos también es una oportunidad para hacer crecer nuestra fe. Nuestra alma *siempre* tiene necesidad del ministerio de gracia y verdad del Espíritu mediante la Palabra.

No soy médico, pero sí soy un «doctor del alma»: un pastor que quiere ayudarte a conectarte con las palabras de sanidad de las Escrituras para que la paz mental y emocional gobierne en tu corazón, a pesar de los retos físicos o circunstanciales que enfrentes.

La meta de este libro

Cuando el pánico ataca, en verdad se siente como si un enemigo nos estuviera agrediendo. El temor debilitante nos golpea de la nada. No siempre sabemos por qué estamos ansiosos. Aunque las presiones externas sí funcionan como detonantes, y aunque algunos tipos de ansiedad surgen por problemas físicos, en esencia sucede algo en nuestra persona interior. Los miedos y las dudas toman cautiva nuestra paz, se provoca una turbación interna y nuestro corazón comienza a palpitar con fuerza.

«La ansiedad en el corazón del hombre lo deprime, pero la buena palabra lo alegra» (Pr 12:25). Este proverbio casi no necesita explicación. La ansiedad en nuestro corazón turba nuestro espíritu, lo que a su vez afecta nuestro cuerpo. Aunque la ansiedad a veces surge por un mal funcionamiento de nuestro cuerpo, este devocional trata con la ansiedad que está conectada con el alma. La ansiedad nos debilita... nos arrastra por el suelo. Pero hay algo que nos levanta y nos alegra: una buena palabra, ya sea de Dios en las Escrituras o de un amigo fiel.

En este libro, busco darte ambas cosas. Quiero brindarte palabras de sanidad al caminar a tu lado como un amigo alentador. Espero entrar en tu lucha personal con la ansiedad al permitirte entrar en la mía, abriendo una ventana a mi corazón para poder compartir contigo verdades bíblicas que el Señor sigue usando para darme una paz cada vez mayor.

La *paz* es un tema recurrente en este devocional; lo verás aparecer una y otra vez. Te ayudaré a entender no solo lo que es un estado mental pacífico, sino también cómo mantenerlo al entrenar los ojos de tu corazón para mirar de forma habitual al Señor. Además, te ayudaré a entender la conexión entre la paz *de* Dios y la paz *con* Dios. En otras palabras, la experiencia de la paz *de* Dios fluye de una consciencia cada vez más profunda de estar firmemente en paz *con* Dios mediante la fe en Su Hijo.

Cómo llegaremos allí

Para alcanzar la meta de conocer la paz de Dios —no solo en nuestra cabeza, sino en nuestro corazón—, caminaremos juntos por treinta y un días. Primero, *definiremos* la ansiedad. Haré esto al abrir la abundante despensa de verdad de las Escrituras para alimentar nuestra alma. También alumbraré las experiencias de hombres y mujeres en la Biblia que, al igual que nosotros, lucharon contra la ansiedad. Una vez que este fundamento haya sido sentado, le echaremos un vistazo al carácter de Dios y veremos cómo Sus promesas impactan en nuestra ansiedad. En la última sección, la más larga, abriré un tesoro de sabiduría bíblica para mostrarte maneras prácticas para *luchar* contra la ansiedad.

Es muy importante que perseveres con paciencia por la primera parte de este devocional. Así como, cuando construyes una casa, la fuerza del cimiento de concreto determinará la durabilidad de la estructura, mientras mejor entiendas qué es la ansiedad (la primera parte), más éxito tendrás al experimentar la paz de Dios al aplicar sus recursos (la segunda parte) a la lucha (la tercera parte).

Así que, comencemos a caminar. Juntos, pidámosle a Dios que renueve nuestra mente y que nos ayude a aprender a confiarle nuestra ansiedad.

Unas breves palabras sobre los medicamentos

Si estás experimentando síntomas de un ataque de pánico o de un síndrome de corazón roto, debes acudir al médico de inmediato para una revisión completa y así poder descubrir, o descartar cualquier problema físico que pudiera estar causando los síntomas de tu ansiedad. La relación entre el cuerpo y el alma es compleja, y es sabio respetar el consejo médico. Para algunos, utilizar de forma temporal medicamentos que alivian los síntomas puede ayudarles a retomar el control de su estado emocional alterado. Otros pueden descubrir que los beneficios de los medicamentos no compensan sus efectos secundarios; hasta pueden descubrir que tienen un lado negativo severo.[4]

Por ejemplo, en un punto, mi médico creyó que usar un medicamento para la ansiedad por un corto plazo me ayudaría a superar una crisis y a evitar daños más graves. Sin embargo, en vez de calmar mi ansiedad para que mi cuerpo pudiera repararse, el medicamento la incrementó de forma drástica y produjo en mí una sensación de terror, de fatalidad inminente e, incluso, un deseo de morir. Hicimos a un lado los medicamentos y acordamos que era necesario tomar decisiones importantes que cambiaran mi vida. En contraste, Bob, otro consejero y ministro del evangelio, se vio ayudado de forma importante por los medicamentos. En su historia, él dice: «La medicina me ayudó a estabilizarme para poder pensar de forma racional y aplicar principios bíblicos a mi situación».[5]

La niebla mental a menudo acompaña a la ansiedad severa. Por lo tanto, cualquier decisión que tomes en cuanto a usar o no usar medicamentos debe estar bien informada, saturada de oración humilde y revestida de consejo, y debe ser bajo la guía y la supervisión de tu médico personal.

Definición de la ansiedad

DÍA 1

La ansiedad nos distrae

Por eso les digo, no se preocupen por su vida, qué comerán o qué beberán; ni por su cuerpo, qué vestirán. ¿No es la vida más que el alimento y el cuerpo más que la ropa? (*Mt 6:25*).

La ansiedad es una parte tan grande de nuestra vida que es natural para nosotros hablar sobre ella con frecuencia. Sin embargo, *definirla* y entender cómo funciona a veces se siente imposible. La ansiedad es una emoción, pero es más que un sentimiento. A menudo, incluye una reacción física, pero también es más que eso. Así que, ¿qué es exactamente?

Los escritores del Nuevo Testamento emplean dos palabras diferentes, aunque relacionadas, para referirse a la experiencia que llamamos ansiedad. Combinan el sustantivo *merimna*, que a menudo se traduce como «preocupación» con el verbo *merizo*, que significa atraer en diferentes direcciones o distraer. Estar ansioso, entonces, significa tener una *preocupación distractora*... tener nuestra mente y nuestro corazón en una disyuntiva entre dos mundos. Vemos esto en la advertencia de Jesús sobre las espinas que ahogan la Palabra de Dios, la cual fue diseñada para producir fe. Él identifica estas espinas como «las preocupaciones del mundo» (Mr 4:19) o «las preocupaciones, las riquezas y los placeres de la vida» (Lc 8:14). Las preocupaciones ansiosas típicamente están ligadas con nuestra vida terrenal y casi siempre son temporales, no eternas.

Estas preocupaciones distractoras dividen nuestra energía mental y nublan nuestra vista espiritual; nos mantienen enfocados en el presente en lugar de en el futuro que se nos ha prometido pero no ha llegado. Forman cataratas sobre nuestros ojos espirituales y nos impiden o mantener un enfoque claro en cosas celestiales o mantenernos alerta con diligencia para el regreso del Señor (ver Lc 21:34).

La ansiedad nos desvía de lo más importante. Hace que nuestros ojos vean solo lo que está delante de nosotros en ese momento preciso. Nuestras preocupaciones hacen un gran esfuerzo para mantener nuestra vista enfocada en lo *horizontal* (las cosas del mundo) en lugar de en lo *vertical* (las cosas de Dios).

En el pasaje de hoy, Jesús nos ordena no preocuparnos por nuestra comida, nuestra bebida o nuestro vestido. Luego, de inmediato nos dice que debemos mirar hacia otro lado (ver Mt 6:26). Al observar las aves del cielo y las flores del campo, trasladamos nuestro enfoque al Padre celestial, quien promete proveer para nosotros incluso mejor que para ellas.

En lugar de permitir que nuestra mente sea distraída por las dificultades del presente, Jesús nos manda: «Busquen primero Su reino y Su justicia, y todas estas cosas les serán añadidas» (Mt 6:33). A medida que renovamos nuestra mente y disciplinamos nuestro corazón para mantener las cosas eternas como prioridad central, aprendemos a descansar en Dios, quien ha prometido suplir todas nuestras necesidades. Por lo tanto, incluso cuando nuestras responsabilidades temporales requieren cierta atención, siempre podemos mirar al Señor con confianza, en lugar de estar temerosos.

Reflexiona: ¿Qué preocupaciones terrenales te están distrayendo ahora? ¿Qué preocupa tu mente?

Reflexiona: La ansiedad te distrae con cosas temporales, pero Jesús te recuerda centrarte en las cosas eternas.

Actúa: En un diario o cuaderno, anota todas las cosas que te tienen ansioso. Luego, convierte esta «lista de preocupaciones» en una “lista de oraciones”: llévale al Señor cada preocupación y pídele que te muestre cuáles tienen que ver con tus responsabilidades, cuáles requieren acción y cuáles debes confiar (entregar) a Él en fe.

DÍA 2

La ansiedad nos oprime

Además de tales cosas externas, está sobre mí la presión cotidiana de la preocupación por todas las iglesias (*2 Co 11:28*).

Ayer, vimos que la ansiedad puede ser definida como una «preocupación distractora». Hoy, Pablo nos presenta otra manera de verla. En 2 Corintios 11:28, el apóstol describe su ansiedad como una *presión*: como la carga de la angustia física o mental que siente «por todas las iglesias» que ha ayudado a plantar o a pastorear. Solo podemos imaginarnos cuántas personas y necesidades esto implicaría. Y, como si no fuera suficiente, esta «presión cotidiana» viene *encima* de otras cosas que ya ha mencionado, incluyendo «cárceles» y «azotes un sinnúmero de veces»; el haber naufragado y estar rodeado por todo tipo de peligros; y dificultades personales como la falta de sueño, el hambre y la sed (ver 2 Co 11:23-27). Presión sobre presión. ¡Vaya ansiedad!

Las presiones de Pablo a menudo estaban acompañadas por desesperación (ver 2 Co 1:8). Esto no debería sorprendernos ya que muchas personas experimentan depresión junto con la ansiedad. Pero Pablo siempre sabía adónde acudir —al «Dios de toda consolación»—, y nos asegura que Él «nos consuela en todas nuestras tribulaciones» (2 Co 1:3-4). Esta verdad es para *todos* los creyentes de todas las épocas.

Pablo escribió esta promesa consoladora mientras estaba en un horno de aflicciones personales. Su sufrimiento mental era tan extremo que él y sus compañeros fueron «abrumados sobremanera, más allá de [sus] fuerzas» y perdieron hasta «la esperanza de salir con vida» (2 Co 1:8). No obstante, estos siervos de Dios fijaron los ojos de su corazón en Cristo.

Tal vez estés pensando: «No soy apóstol. ¿Esto de qué me sirve?». Permíteme mostrarte dos maneras en que te ayuda.

Primero, Pablo nos recuerda que Dios, en Su gracia, ordena el sufrimiento para despojar a Sus hijos de la confianza que tienen en sí mismos: el orgullo que alimenta tantos de nuestros otros pecados y que limita nuestra utilidad. En el caso del apóstol y de sus amigos, Dios utilizó presiones abrumadoras para lograr su crecimiento y perseverancia como cristianos. Lo hizo «a fin de que no confiáramos en nosotros mismos, sino en Dios que resucita a los muertos», dijeron ellos (2 Co 1:9). Poner nuestra esperanza solo en Dios, no en un decremento de las presiones ni en una mejoría de nuestras circunstancias, es el remedio definitivo para la ansiedad.

Segundo, el ejemplo de Pablo y de sus amigos nos lleva a disciplinarnos para mirar a Jesús. Su testimonio fue que «en [Él] hemos puesto nuestra esperanza» (2 Co 1:10). La esperanza nos libra de los efectos incapacitantes de la ansiedad porque nos ayuda a aferrarnos a un ancla inamovible: la verdad de que Dios «está por nosotros» en Jesucristo (Ro 8:31). La promesa de la liberación final en Jesús les inyectó vida a los apóstoles sufrientes para que pudieran perseverar en medio de las presiones abrumadoras. Lo mismo es verdad para ti y para mí. Cuando tenemos momentos de pánico, podemos detenernos, tomar el control de nuestros procesos de pensamiento y escoger creer que el amor de Dios hacia nosotros en Cristo es más grande que cualquier presión que intente sabotear nuestra paz.

Reflexiona: ¿Qué podría el Dios de la providencia estar buscando lograr en tu corazón mediante tus pruebas actuales?

Actúa: Memoriza Romanos 8:31. Mientras repasas este versículo, medita en el amor de Dios por ti y en la seguridad eterna que posees en Cristo.

Actúa: ¿Qué «otras cosas» en tu vida están contribuyendo a la presión que sientes? Habla con el Señor sobre estas cosas.

DÍA 3

Somos espíritus con cuerpo

Ten piedad de mí, oh Señor, *porque estoy en angustia; se consumen de sufrir mis ojos, mi alma y mis entrañas.* [...] *Mis fuerzas se agotan a causa de mi iniquidad, y se ha consumido mi cuerpo. A causa de todos mis adversarios, he llegado a ser objeto de oprobio* [...]. *Como un muerto soy olvidado, sin ser recordado, soy semejante a un vaso roto* (*Sal 31:9-12*).

El Salmo 31 ilustra la interacción entre nuestro cuerpo y nuestra alma en el sufrimiento, y reconoce que nuestra fragilidad nos hace susceptibles a problemas emocionales como la ansiedad. Observa las capas de dificultades que se acumularon sobre el rey David al mismo tiempo, las cuales resultaron en niveles incrementados de ansiedad:

- debilidad física («Mis fuerzas se agotan [...] se ha consumido mi cuerpo»),
- una conciencia atribulada por el pecado («a causa de mi iniquidad»),
- la hostilidad de sus oponentes («A causa de todos mis adversarios»),
- el trato abusivo de otros («he llegado a ser objeto de oprobio»),
- la traición de sus amigos («como un muerto soy olvidado, sin ser recordado»).

¡No es de sorprender que su alma y su cuerpo —su persona entera— estuvieran en «angustia»!

La palabra *angustia* implica tensión o estrés mental que es causado por el peligro o los problemas y que está impactando al cuerpo. Es una ilustración vívida de los poderosos efectos de la ansiedad en la fuerza interna y externa de una persona. También es un recordatorio de la manera en que las circunstancias difíciles fuera del cuerpo pueden agravar la angustia del alma. A causa de su angustia, David necesita ayuda y seguridad de parte de Dios respecto a que toda su persona —tanto su cuerpo como su alma— están en Sus manos amorosas. Así que ora.

«Ten piedad de mí, oh Señor» es su sencillo, pero valiente, clamor. Aunque está indefenso, la oración desesperada de David revela que todavía tiene la esperanza de que Dios finalmente vendrá en su ayuda. Claramente, su fe está débil en este momento; le es difícil descansar en Dios y confiar en Él mientras se arrastra en medio de su neblina personal. Y, sin embargo, aun así clama a Dios. Él avanza conscientemente de la ansiedad a la seguridad al personalizar la verdad de la Biblia... al escoger refugiarse por fe en Dios, su «roca fuerte» y su «fortaleza» (Sal 31:2). Más adelante en el mismo salmo, David reitera su dependencia en el Señor. Aunque la voluntad de Dios es inevitable, David también escoge someterse a ella: «Pero yo, oh Señor, en Ti confío; digo: "Tú eres mi Dios". En Tu mano están mis años» (vv. 14-15).

¿De qué maneras puede estar afectando la ansiedad tu cuerpo o tu sentido de fortaleza? ¿Estás buscando a Dios para obtener el poder de la gracia que necesitas hoy? ¿Te ves a ti mismo avanzando de la ansiedad a la seguridad?

A final de cuentas, la seguridad y la paz provienen del Señor: de conocer y de confiar en el carácter y el amor de Dios. Así que no permitas que tu ansiedad te aleje de Dios. Corre a Él hoy.

Reflexiona: Cuando estás ansioso, ¿clamas a Dios o luchas solo contra tu ansiedad? ¿Por qué?

Reflexiona: Una fe duradera busca el gozo, aun en medio de la angustia: «Me gozaré y me alegraré en Tu misericordia, porque Tú has visto mi aflicción» (Sal 31:7). ¿Cómo puedes escoger la senda del gozo?

Actúa: En un cuaderno o diario, anota una oración donde admitas tus necesidades y pidas por gracia.

DÍA 4

Somos débiles y limitados

Pero tenemos este tesoro en vasos de barro, para que la extraordinaria grandeza del poder sea de Dios y no de nosotros. Afligidos en todo, pero no agobiados; perplejos, pero no desesperados; perseguidos, pero no abandonados; derribados, pero no destruidos. Llevamos siempre en el cuerpo por todas partes la muerte de Jesús, para que también la vida de Jesús se manifieste en nuestro cuerpo (2 Co 4:7-10).

Muchas de nuestras ansiedades surgen de nuestra debilidad diaria y de nuestras limitaciones como seres humanos. La Biblia reconoce que somos débiles, pero nos señala una razón esperanzadora y, quizás sorprendente, para esto. En los versículos de hoy, el apóstol describe circunstancias llenas de gran estrés, pero al mismo tiempo se recuerda a sí mismo la obra con propósito del poder de Dios en él. Léelos de nuevo.

Los cristianos son vasos de barro; somos vasos comunes: vasos de arcilla. La gente que vive con alguna discapacidad quizás esté más consciente de esta verdad, pero todos experimentamos debilidad. Sin embargo, dentro de nosotros mora algo más: la esperanza que se encuentra en Jesucristo. Este *tesoro* —el evangelio— viene a morar en personas débiles y caídas que saben que necesitan al Señor. Nuestra necesidad significa que «la vida de Jesús se [manifiesta]» a través de nosotros. Ya que nuestras luchas proveen oportunidades para que glorifiquemos a Dios, podemos abrazar nuestras debilidades al entrenarnos (y corregirnos) para aferrarnos a las promesas de Su presencia permanente.

El salmista nos recuerda que «el Señor [...] sabe de qué estamos hechos, se acuerda de que solo somos polvo» (Sal 103:13-14). Dios conoce nuestras debilidades. ¿Por qué? Porque así nos hizo... del polvo. Él diseñó limitaciones en nuestro *hardware* (cuerpo) y nuestro *software* (alma) para enseñarnos a depender de Su suficiencia, no de nuestra autosuficiencia imaginaria. Él lo hizo para que anheláramos la vida más allá de esta: la vida eterna con Él.

No obstante, Jesús no vino para darnos solo vida eterna. Él también vino para que «tengan vida, y para que la tengan en abundancia» aquí y ahora (Jn 10:10). La esperanza que tenemos en Cristo no puede ser apagada. No tenemos que sucumbir ante el duro capataz llamado *ansiedad*. Hay una *paz interior* que está disponible en Jesús y que no se encuentra en ninguna otra parte: «La paz les dejo, Mi paz les doy; no se la doy a ustedes como el mundo la da. No se turbe su corazón ni tenga miedo» (Jn 14:27).

Somos espíritus con cuerpo que tienen debilidades y limitaciones. Seguiremos siéndolo hasta la muerte, cuando nuestro espíritu abandone este débil caparazón. Hasta entonces, el Señor nos ayudará a aprender a luchar contra el temor y la inquietud interna que llamamos *ansiedad* al aferrarnos a nuestra esperanza futura. Un día, en la resurrección, recibiremos nuevos cuerpos imperecederos que dejarán atrás todas nuestras debilidades (ver 1 Co 15:52).

¿Abrazas o rechazas tus debilidades? Considera cómo la vida de Jesús puede manifestarse en tus luchas incluso ahora.

Reflexiona: A medida que aceptas tus debilidades y limitaciones, recuerda que solo Dios es el Fuerte. «El nombre del Señor es torre fuerte, a ella corre el justo y está a salvo» (Pr 18:10).

Reflexiona: ¿De qué maneras no has respetado tus limitaciones? Por ejemplo, ¿te has comprometido con demasiadas tareas? ¿Has administrado mal tus finanzas? ¿Qué te tiene estresado?

Actúa: Haz esta oración: Padre celestial, gracias porque fui formado en debilidad... porque soy un vaso de barro. Ayúdame a respetar las limitaciones con las que diseñaste mi mente y mi cuerpo. Pero gracias también porque, a causa del evangelio, la poderosa vida de Jesús vive en mí. Ayúdame a caminar en dependencia de Jesús para que Él sea cada vez más visible en mi vida.

DÍA 5

Adoración desordenada

Nadie puede servir a dos señores; porque o aborrecerá a uno y amará al otro, o apreciará a uno y despreciará al otro. Ustedes no pueden servir a Dios y a las riquezas. Por eso les digo, no se preocupen por su vida, qué comerán o qué beberán; ni por su cuerpo, qué vestirán. ¿No es la vida más que el alimento y el cuerpo más que la ropa? (*Mt 6:24-25*)

Hemos visto que somos espíritus con cuerpo y que Dios nos diseñó para depender de Él. Dios nos creó para glorificarlo y adorarlo (ver Is 43:7; Col 1:16). Él colocó un deseo dentro de nosotros que, antes de que el pecado entrara al mundo, nos dirigía de forma natural hacia Él. Hasta que el pecado entró al huerto, los afectos del hombre estaban entregados *únicamente* a Dios. Pero ahora, nuestra naturaleza humana es caída, vivimos en cuerpos caídos y habitamos un mundo caído. Nuestros afectos están *divididos* entre Dios y las cosas de esta tierra. Cualquier cosa que ocupe el primer lugar en nuestro corazón en un momento dado es lo que atrapa nuestra energía, atención y servicio.

En nuestro pasaje de hoy, Jesús dice que es imposible servir a dos señores. Fuimos creados para adorar solo una cosa. Si adoramos el dinero (y lo convertimos en un dios), entonces no podemos adorar al Dios verdadero. Y si adoramos a Dios, ya no adoraremos al dinero. *La casa del corazón humano tiene espacio para un solo trono*. Pero cuando el pecado entró al mundo en forma de la incredulidad, el corazón del hombre se volvió engañoso. Es desleal, y esto hace que nuestra adoración se vuelva desordenada. Es allí donde la ansiedad puede entrar en escena.

Según Jesús, la ansiedad puede ser un síntoma de que la adoración se ha desviado. A veces, nuestro corazón está ansioso porque hemos desviado nuestra lealtad (confianza) de Dios a algo más (en este caso, el dinero o las cosas que el este puede comprar, como la comida, la bebida, la ropa, etcétera). Cuando no confiamos en Dios por completo, la duda entra a nuestro corazón y podemos ser como el «hombre de doble ánimo», que es inestable (Stg 1:8). Nuestro corazón está dividido, y somos agitados de aquí para allá. Los múltiples dioses que compiten por nuestro corazón inevitablemente producen turbación interna.

¿Te preocupas por las necesidades básicas de esta vida? Si no es así, ¿qué otros dioses sí exigen tu lealtad? ¿Qué cosas te preocupan que han tomado el lugar del Señor en tu vida?

Cuando adoramos a Aquel que nos creó para Su gloria, nuestra alma está en paz. Pero cuando nuestra incredulidad perdurable aleja nuestra devoción del Señor, nos ponemos ansiosos y nuestro corazón se desordena. En los siguientes días, veremos esto más de cerca.

Reflexiona: En *How to Worship Jesus Christ* (*Cómo adorar a Jesucristo*), Joseph Carroll explica la historia de la palabra adoración y ofrece este significado: «"atribuirle valor a un objeto". Cuando adoras algo, consideras "valioso" el objeto de tu adoración»[6]. ¿Cuál es la relación entre la adoración y las cosas que preocupan a tu mente? ¿A qué personas o posesiones les has asignado valores inadecuados y, por lo tanto, una importancia y adoración equivocadas?

Actúa: En tus propias palabras, escribe un párrafo corto en tu diario sobre lo que aprendiste en el devocional de hoy, y si es necesario, una oración de confesión.

DÍA 6

La falta de contentamiento y la codicia

No que hable porque tenga escasez, pues he aprendido a contentarme cualquiera que sea mi situación. [...] *En todo y por todo he aprendido el secreto tanto de estar saciado como de tener hambre, de tener abundancia como de sufrir necesidad. Todo lo puedo en Cristo que me fortalece* (*Flp 4:11-13*).

Si un comercial no produce al menos un ligero sentimiento de «Ah, quisiera tener eso» en la audiencia, entonces ha fallado en su propósito. Pero aunque los publicistas trabajan para *cultivar* la falta de contentamiento, ellos no la *crean*. La falta de contentamiento ya está en nuestro corazón, inculcada en nuestra naturaleza caída. La Biblia la conecta con la *codicia*.

Codiciar es «desear desmesuradamente; colocar el objeto de deseo por encima del amor y de la devoción a Dios»[7]. La codicia es un pecado grave que conduce a otras facetas de la incredulidad (demostraciones no tan evidentes de nuestra falta de confianza en Dios), incluyendo la ansiedad. Debemos matarla (ver Ef 5:3; Col 3:5).

¿Qué forma puede tomar la falta de contentamiento codiciosa en tu vida? Puede que anheles la fama y, por lo tanto, estés descontento de no ser reconocido, poniéndote ansioso cuando te pasan por alto o no recibes palabras positivas. Puede que desees ser aceptado por los demás y, por lo tanto, estés insatisfecho con agradar al Señor, poniéndote ansioso ante la idea de ser rechazado por tu fe en Cristo. Puede que anheles el tipo de cuerpo, el cabello, la nariz, la sonrisa o algo más de otra persona y, como tal, estés descontento respecto a cómo Dios te hizo, poniéndote ansioso por ser notado, lo cual puede fomentar una preocupación desbalanceada por tu apariencia física. Puede que estés descontento con tu casa, automóvil, trabajo, matrimonio, hijos (o la falta de ellos), salud, etcétera, poniéndote ansioso cuando no recibes el aumento que esperabas o cuando escuchas que el mercado de valores se ha venido abajo o que el precio de la atención médica sigue subiendo.

Sin importar cómo se refleje tu falta de contentamiento o cuáles sean tus motivaciones, solo Dios, mediante tu relación con Su Hijo, puede satisfacer tu corazón.

El apóstol Pablo llegó a darse cuenta de esto. Su testimonio es sencillo: «Yo estimo como pérdida todas las cosas en vista del incomparable valor de conocer a Cristo Jesús, mi Señor» (Flp 3:8). Una relación con Jesús es el manantial del que fluye el agua pura de los versículos de hoy. En ellos, encontramos dos verdades esenciales.

Primero, *el contentamiento se debe aprender*. No es una cualidad natural, sino un hábito aprendido. Pablo sabía lo que era preguntarse de dónde vendría su siguiente comida o el pago de su renta. Pero por la gracia de Dios, aprendió a estar en paz «en todo y por todo». ¿Qué hay de nosotros? Nos preocupamos por cada situación complicada que llega a nuestra vida. En contraste, el contentamiento es ese sentimiento tranquilo y dulce de «suficiente» que gobierna nuestra alma cuando confiamos por completo en Dios como nuestro proveedor.

Segundo, *Cristo es el secreto para el contentamiento*. El apóstol no estaba hablando de fútbol cuando dijo: «Todo lo puedo en Cristo que me fortalece». ¡Su escuela fue la celda de una cárcel! Tenía toda la razón para estar ansioso. Pero también tenía al mejor maestro de todos. El Espíritu Santo que moraba en él entrenaba a Pablo para que fijara su gozo en el Señor Jesús.

Si seguimos el ejemplo del apóstol, también podemos aprender a estar contentos. Sin importar nuestras circunstancias, aprendemos a contentarnos y luchamos contra la ansiedad al centrar nuestra vida en Cristo. Cuando conocemos a Jesús y lo consideramos nuestro todo, encontramos el descanso que nuestro ansioso corazón necesita.

Reflexiona: ¿Cómo podría estar conectada tu ansiedad con los anhelos de tu corazón (es decir, cómo podría el descontento estar alimentando tu ansiedad)?

Actúa: Reflexiona en tu diario sobre tus anhelos y las razones detrás de ellos. Ora por cada cosa en esta lista. Somete tus necesidades legítimas o deseos al Señor y confiesa cualquier anhelo desordenado. Pídele al Señor que te enseñe a tener contentamiento en Cristo.

DÍA 7

La envidia malvada

¿A quién tengo yo en los cielos sino a Ti? Fuera de Ti, nada deseo en la tierra. Mi carne y mi corazón pueden desfallecer, pero Dios es la fortaleza de mi corazón y mi porción para siempre (*Sal 73:25-26*).

El contentamiento llega cuando centramos nuestra vida en Cristo. La envidia llega cuando nos comparamos con otros que tienen una vida «mejor que la nuestra». La envidia fácilmente nos lleva a dudar de la bondad de Dios y a ser temerosos. Eso es lo que le sucedió a Asaf, un músico y líder de alabanza habilidoso que fue nombrado por el rey David (ver 1 Cr 6:49; Esd 2:41) y que escribió el Salmo 73. Asaf sabía que «Dios es bueno» (Sal 73:1), pero permitió que su corazón dudara de esta verdad porque tuvo «envidia» al «ver la prosperidad de los impíos» (v. 3). El resto de este salmo describe sus luchas internas e ilustra el marcado contraste entre la envidia y el contentamiento.

La envidia mira alrededor (*vv. 3-15*). La vista de Asaf se había concentrado en la vida fácil de los impíos, que se enriquecían más cada día (ver v. 12). Como resultado, cuestionó el valor de su propia piedad: «Ciertamente en vano he guardado puro mi corazón» (v. 13). Nada parecía salir mal para los impíos: «no hay dolores en su muerte» (v. 4). «No sufren penalidades [...] como los demás hombres» (v. 5). Mientras más comparaba su situación difícil con la existencia despreocupada de los orgullosos que se burlaban de Dios (ver vv. 6, 11), más se distorsionaba su perspectiva y se desilusionaba su corazón.

La fe mira hacia arriba y hacia adelante (*vv. 16-28*). El cambio llegó cuando Asaf volteó al Señor y a la certeza de Sus promesas. Antes, cuando había tratado de encontrarle sentido a la injusticia, le había parecido tarea «difícil» (v. 16). Pero entonces algo cambió. Entró «en el santuario de Dios» y comprendió «el fin de ellos» (v. 17). Confesó que su alma «se llenó de amargura» (v. 21) y que estaba enojado con Dios (ver v. 22). Cuando entró con humildad a la presencia del Señor, la interpretación de Asaf de la vida se aclaró. Comenzó a entender que Dios juzgará a los impíos a su debido tiempo y manera. La recompensa para los que aman a Dios también está garantizada, solo que no se manifestará por completo hasta la eternidad. Hasta el día de hoy, el testimonio de Asaf permanece: «Con Tu consejo me guiarás, y después me recibirás en gloria» (v. 24).

El pasaje de hoy ilustra la afirmación renovada del corazón de Asaf. En el cielo, nada importará más que el Señor. De manera similar, «nada [...] en la tierra» atrae ya el corazón de Asaf. No hay nada que desee «fuera de Ti». Esta es la nueva perspectiva de Asaf mientras está de pie en el santuario, adorando con el pueblo de Dios. Solo Dios es la fuente de su fuerza y su satisfacción suprema. Conocer al Señor es su máximo tesoro. No hay necesidad de envidiar a los impíos si, al final, Asaf estará cerca de Dios, su verdadero refugio (ver v. 28).

La fe centrada en Dios produce contentamiento de espíritu ya que no mira a la seguridad temporal, sino al cumplimiento del plan de Dios en la eternidad. Esta fe obedece el consejo de Dios ahora y, al mismo tiempo, coloca su esperanza en la gloria futura.

Reflexiona: Las líneas entre la envidia, la falta de contentamiento y la ansiedad a veces son delgadas; no son fáciles de ver. Si partes de tu ansiedad y miras hacia atrás, ¿ves evidencia de falta de contentamiento o de envidia en tu corazón?

Reflexiona: Pídele al Señor la fuerza para luchar contra tu envidia, y confiésasela a un amigo cristiano maduro. «No envidie tu corazón a los pecadores, antes vive siempre en el temor del SEÑOR» (Pr 23:17).

Actúa: Escribe Salmo 73:25-26 en una tarjeta y repásalo a menudo.

DÍA 8

El perfeccionismo puede provocar ansiedad

Por tanto, habiendo sido justificados por la fe, tenemos paz para con Dios por medio de nuestro Señor Jesucristo, por medio de quien también hemos obtenido entrada por la fe a esta gracia en la cual estamos firmes, y nos gloriamos en la esperanza de la gloria de Dios (*Ro 5:1-2*).

¿Se ha convertido el perfeccionismo en el enemigo de tu paz interior? El corazón de un perfeccionista nunca está tranquilo del todo. Siempre hay algo más que puede lograr o mejorar. El esmero se convierte en el patrón de su vida. Y, a menudo, ese esmero provoca ansiedad. Buscar la excelencia puede ser un amigo de toda la vida del perfeccionista, de tal manera que basa la motivación para su ética de trabajo diligente en su desempeño.[8] Los perfeccionistas pueden temer el fracaso personal o la desilusión de otros. Pueden estar atrapados en una mentalidad legalista y, por lo tanto, nunca sentirse plenamente aceptados por Dios.

Sin importar qué sea lo que dispara nuestra falta de paz, el remedio es el mismo. En Romanos 5:1-2, el apóstol repite que «tenemos» y «nos gloriamos» para recordarnos lo que ya es cierto para el creyente: lo que ya poseemos en Cristo (RVR1960). Estas tres afirmaciones de lo que poseemos nos muestran que podemos edificar nuestra paz empírica (la paz de Dios) en el fundamento de nuestra paz relacional (nuestra paz con Dios).

Primero, *hemos sido justificados*. Ser justificado significa ser declarado justo por Dios. En el tribunal celestial, la condición del pecador arrepentido que acude a Jesús es cambiada de «culpable» a «justo». A cambio de nuestro pecado, Jesús nos da Su justicia perfecta (ver 2 Co 5:21). Todo esto se recibe «por la fe». No se gana mediante la perfección de nuestras obras.

Segundo, *tenemos paz con Dios*. Habiendo sido declarado justos por Dios, pasamos de ser Sus enemigos a ser Sus hijos. La paz con Dios no es algo para lo que trabajamos, sino algo *de lo que partimos*, porque Jesús ya es «nuestra paz» (Ef 2:14). Ser aceptos ante Dios no es algo que ganamos por medio de nuestro desempeño espiritual; se basa en la justicia perfecta de Cristo, no en la nuestra. Dios «nos hizo aceptos en el Amado», Cristo (Ef 1:6, RVR1960).

Tercero, *tenemos acceso a Dios.* Nuestro permiso para entrar a la presencia de Dios también es «por fe», no por obras. Por medio de Cristo, tenemos acceso «a esta gracia en la cual estamos firmes». Entramos ante el trono de Dios con base en Su gracia, no en nuestro desempeño espiritual anterior ni presente. Este don de gracia es la justicia de Su Hijo sin pecado (ver Ro 5:17). Podemos entrar a la presencia de Dios solo porque Jesús se ofreció a Sí mismo como sacrificio, una vez y para siempre (ver He 10:10, 19-20).

Cuando renovamos nuestra mente con estas verdades, «nos gloriamos en la esperanza de la gloria de Dios» (Ro 5:2). Pensar en lo que Jesús ya ha hecho por nosotros produce contentamiento, corrige nuestro perfeccionismo y nos vuelve a entrenar para confiar más en la obra terminada de Cristo que en nuestras obras incompletas. En resumen, la verdad alimenta el gozo, el cual, a su vez, combate la ansiedad.

La próxima vez que te ataque la ansiedad, no te enfoques en lo que está mal ni en lo que tienes que terminar. Más bien, fija la mirada en Cristo y en Su don de justicia para nosotros. Por la gracia de Dios, no hay necesidad de estar ansiosos.

Reflexiona: ¿Detectas perfeccionismo en tu vida? ¿De qué manera?

Actúa: Lee Proverbios 29:25. ¿Cómo puede convertirse en una trampa el agradar a las personas? ¿Qué es lo opuesto de agradar a las personas?

Actúa: Medita en Salmo 127:5. Somos llamados a ser diligentes... pero ¿es posible trabajar demasiado duro? ¿Qué podría revelar el exceso de trabajo sobre tu fe?

DÍA 9

El enojo, la irritabilidad y la frustración

Pero Marta se preocupaba con todos los preparativos. Y acercándose a Él, le dijo: «Señor, ¿no te importa que mi hermana me deje servir sola? Dile, pues, que me ayude». El Señor le respondió: «Marta, Marta, tú estás preocupada y molesta por tantas cosas» (*Lc 10:40-41*).

Existe una línea delgada entre la ansiedad y el enojo. Y cuando cruzamos esta línea, a menudo la excusamos como *irritabilidad* o *frustración.* Pero ¿es posible que esté sucediendo algo más? La ansiedad a menudo provoca que estemos molestos con personas que no parecen estar tan preocupadas como nosotros, y esta molestia típicamente da pie, a su vez, a otros pecados.

Este es el caso con Marta cuando presenciamos lo distraída que está por las preocupaciones que surgen al tener un invitado en casa. Lucas plantea el escenario: «Una mujer llamada Marta lo recibió [a Jesús] en su casa. Ella tenía una hermana que se llamaba María, que sentada a los pies del Señor, escuchaba Su palabra» (Lc 10:38-39). Marta siempre es recordada por su espíritu hospitalario... y por estar preocupada por las *tareas* asociadas con la hospitalidad en lugar de con la *persona* hacia quien estaba siendo hospitalaria.

María sabía delante de quién estaba, así que atesoraba cada momento que tenía con su Salvador. De manera que «sentada a los pies del Señor, escuchaba su palabra». Marta, sin embargo, «se preocupaba con todos los preparativos». Al principio, Marta mantuvo controló sus emociones; pero cuando su ansiedad concibió la molestia, dio a luz una respuesta enojada.

Lo más normal es que reconozcamos el desagrado de Marta en cuanto a su hermana pero que pasemos por alto el asunto más grave que lo subyace. Marta descargó su frustración con Jesús: «Señor, ¿no te importa?». Marta estaba tensa por la aparente falta de preocupación de María por «lo más importante»; es decir, por la lista de quehaceres de Marta. Pero su enfoque interior se dio a conocer en el exterior cuando se desahogó con Jesús. Lo acusó de carecer compasión o cuidado personal por ella y le ordenó al Hijo de Dios (¡impresionante!) que le dijera a su hermana que se pusiera a trabajar.

Pero Jesús responde con paciencia: «Marta, Marta, tú estás preocupada y molesta por tantas cosas». Él no la reprende con dureza, sino que la corrige con gentileza. La ayuda a discernir la fuente de su ansiedad: su preocupación con cosas menores. «Una sola cosa es necesaria —le dijo Jesús—, y María ha escogido la parte buena, la cual no le será quitada» (Lc 10:42). ¡La ansiedad de Marta provocó que dejara de convivir con el visitante más importante que jamás había estado en su casa!

Las emociones no son neutrales ni amorales. Son piadosas o impías; egocéntricas o centradas en Dios. Más allá de las consideraciones físicas o médicas, siempre pasa algo en nuestro corazón con respecto a Dios cuando experimentamos ansiedad. Nunca somos totalmente pasivos, pero nuestro corazón (nuestro centro de control) siempre está activo; siempre está escogiendo entre lo menos y lo más importante. Marta escogió su lista de quehaceres antes que a Jesús. Cuando tu ansiedad es provocada, ¿qué escoges tú?

Reflexiona: ¿Cómo ves que tu ansiedad te lleva a otros pecados?

Reflexiona: ¿Cómo te distrae tu ansiedad de pasar tiempo con Jesús?

Actúa: Escríbele una confesión a Dios, admitiendo las cosas menos importantes que te distraen de Cristo.

Cómo acudir a Dios en medio de la ansiedad

DÍA 10

En los verdes pastos del buen pastor

Yo soy el buen pastor, y conozco Mis ovejas y ellas me conocen, al igual que el Padre me conoce y Yo conozco al Padre, y doy Mi vida por las ovejas (Jn 10:14-15).

El Espíritu Santo nos da seguridad cuando meditamos en el amor que Jesús les muestra a los pecadores. No me estoy refiriendo a Su demostración pasada de amor al morir en nuestro lugar, sino a Su amor perpetuo aquí y ahora. Jesús no es solo nuestro Señor y Salvador, sino también nuestro buen pastor. Enfocarte en esta realidad te dará paz y seguridad en tus momentos de mayor ansiedad.

La descripción de Jesús de Sí mismo en el pasaje de hoy resalta el cuidado pastoral que provee para los que habitan en Sus pastos. De este capítulo en Juan surgen cuatro garantías.

El buen pastor dio Su vida por ti. Cuando Jesús dijo: «El buen pastor da Su vida por las ovejas» (v. 11), Su muerte estaba aún en el futuro; Él *daría* Su vida por ellas. Pero eso ya está hecho. Su obra de llevar nuestro pecado ha sido terminada. El pecado ha sido castigado. Tu deuda ya ha sido pagada en su totalidad (ver He 9:27-28). Al recordar de forma consciente esta demostración suprema de amor, le darás cada vez más seguridad a tu corazón del amor y cuidado continuo de Jesús hoy... todos los días... y por la eternidad.

El buen pastor no te abandonará. Jesús no es como los demás. «El que es un asalariado y no un pastor [...] ve venir al lobo, abandona las ovejas y huye» (Jn 10:12). Tu fiel Pastor permanece a tu lado cuando los lobos atacan. Él nunca te abandonará (ver He 13:5). Él nunca te dejará ni te entregará en manos del mayor enemigo de tu alma: Satanás.

El buen pastor está comprometido contigo. Al asalariado «no le importan las ovejas» (Jn 10:13). Este huye porque está preocupado por sí mismo, pero Jesús demuestra Su amor al guiarte con Su vara y entrenarte con Su cayado. El compromiso de Cristo con Sus ovejas no se encuentra en palabras vanas, sino en promesas profundas.

El buen pastor te conoce en una relación, tal como conoce al Padre en una relación. Jesús conoce a los que son Suyos, y ellos lo conocen a Él. «Yo soy el buen pastor, y conozco Mis ovejas y ellas me conocen, al igual que el Padre me conoce y Yo conozco al Padre» (vv. 14-15). La relación de Cristo con Su Padre es la relación más profunda e íntima en todo el universo. Jesús compara Su relación contigo con Su relación con Su Padre. Eso es alentador, ¿no? Crecer en Cristo es más que obtener conocimiento bíblico. Incluye desarrollar una cercanía con tu Pastor a medida que escuchas Su Palabra y lo sigues por fe.

Cuando tus preocupaciones bombardeen tu corazón y mente, no te rindas ante ellas. En vez de eso, acude a Jesús. Tu buen Pastor te espera. Él ama y cuida a los que se arrepienten y creen en Su nombre salvador (ver Hch 4:12). A medida que intencionadamente fijes tu mente ansiosa en estas verdades, descubrirás que tu corazón descansa seguro en Su amor.

Reflexiona: ¿De qué manera influencia tu deseo por conocer más a Jesús el pensar en Su amor por ti y en Su deseo por tener comunión contigo?

Reflexiona: ¿Qué puedes hacer hoy para alimentar tu relación con el Señor?

Actúa: Lee Hebreos 13:20-21. Escribe en tu diario las verdades consoladoras que descubras allí sobre Jesús, el buen pastor. Compara tus hallazgos con lo que el Salmo 23 dice sobre el Pastor.

DÍA 11

«Vengan a Mí, y Yo los haré descansar»

Vengan a Mí, todos los que están cansados y cargados, y Yo los haré descansar. Tomen Mi yugo sobre ustedes y aprendan de Mí, que Yo soy manso y humilde de corazón, y hallarán descanso para sus almas. Porque Mi yugo es fácil y Mi carga ligera (*Mt 11:28-30*).

El descanso es el extremo opuesto de la ansiedad. Nuestro corazón ansioso anhela el descanso, pero no parece poder hallarlo. Y el descanso que necesitamos es aún más profundo que el que normalmente buscamos. Muy a menudo, deseamos alivio inmediato de nuestras preocupaciones en lugar del respiro definitivo: el dulce contentamiento para nuestra alma que se encuentra en Jesús. El antídoto para nuestra ansiedad es *estar seguros en el Salvador*.

¿Cuál es el contexto para los versículos de hoy? El mandamiento de Jesús «Vengan a mí» llega inmediatamente después de una revelación audaz de Su deidad y de Su comunión íntima con el Padre (ver Mt 11:25-27). Jesús entonces conecta el descanso que buscamos de nuestras cargas presentes con el descanso vital que se encuentra en Él.

Considera tres verdades de Mateo 11:28-30 que nos permiten descansar.

Jesús les manda a todos los que están cargados que vayan a Él (*v. 28*). El adjetivo «cargados» se refiere a un enorme peso de gran importancia. Ya que el contexto de este versículo revela que la audiencia inmediata de Jesús se compone de no creyentes, la carga de gran importancia a la que se refiere debe ser el pecado. Como único «Mediador entre Dios y los hombres» (1 Ti 2:5), Jesús está en la posición correcta para ordenarnos a ir a Él. La Biblia llama «obediencia a la fe» (Rm 1:5) al arrepentirse de la incredulidad y creer en Cristo. Por la fe, dejamos cualquier «obra» religiosa que pudiera ayudarnos a ganar nuestra salvación y descansamos en la obra terminada de nuestro manso, pero triunfante, Salvador.

Jesús nos manda ser aprendices (*v. 29*). Cuando obedecemos el llamado del evangelio de ir a Jesús para recibir salvación de nuestros pecados, nos volvemos discípulos: aprendices. Nos convertimos en aprendices de Jesús para toda la vida al llevar Su yugo. Pero Jesús dice que este yugo es «fácil» y que la «carga» de la obediencia es «ligera»... tal como el apóstol Juan enseña: los mandamientos de Jesús «no son difíciles» (1 Jn 5:3).

Jesús promete descanso para nuestra alma (*vv. 29-30*). El descanso definitivo que Jesús les promete a todos los que van a Él es paz para su alma. La carga de la paga del pecado es eliminada por completo y somos perdonados. Pero Cristo nunca promete liberación completa de otras cargas, pruebas y aflicciones de la vida. Les promete a Sus discípulos exactamente lo contrario: que serán perseguidos y odiados por causa de Él (ver Jn 15:18-19). Aun así, Jesús promete llevar estas cargas con nosotros y por nosotros.

La testaruda raíz de la ansiedad es una desconfianza fundamental en la soberanía, el amor y la bondad de Dios hacia nosotros, como si Cristo ya no importara. Debemos cortar la raíz de la incredulidad en su punto más profundo con la aplicación del evangelio, el cual es «poder de Dios para la salvación de todo el que cree» (Ro 1:16). Si estamos en yugo con Jesús, nada que podamos temer amenaza el amor de Dios hacia nosotros. Nada (ver Ro 8:38-39). ¡A eso le llamo *descanso*!

Reflexiona: ¿Qué palabras usarías para describir el descanso de tu alma en Jesús? ¿Hay cargas de pecado que no le hayas confesado a Dios?

Actúa: Escríbele una oración a Jesús. Con humildad, reconoce que algunas veces tu ansiedad es el resultado de tu intento de llevar cargas que Él ya lleva, y agradécele por la ligereza de Su yugo.

DÍA 12

Tu Padre celestial se preocupa

Miren las aves del cielo, que no siembran, ni siegan, ni recogen en graneros, y sin embargo, el Padre celestial las alimenta. ¿No son ustedes de mucho más valor que ellas? ¿Quién de ustedes, por ansioso que esté, puede añadir una hora al curso de su vida? (Mt 6:26-27)

Las preocupaciones falsas son problemas que inventan nuestros miedos. Existen solo en nuestra imaginación. Ya que Dios ha prometido suplir nuestras necesidades, seguir preocupados pensando que no serán suplidas es crear una preocupación que no constituye una amenaza real. Tales preocupaciones falsas nos roban espacio mental y energía emocional al crear distracciones.

En los versículos de hoy, Jesús dice que no debemos preocuparnos por lo que no nos corresponde. En cambio, debemos ser más como las aves, las cuales no dudan de la fidelidad de Dios. Cuando miramos a «las aves del cielo» de manera intencionada, recordamos cuán dependientes son todas las criaturas y, en especial, nosotros mismos. A medida que esperamos en el Señor, nuestra responsabilidad es hacer activamente lo que manda y dejarle el resto a Él.

La preocupación nos distrae de disfrutar el amor de nuestro Padre celestial, pero Jesús nos ofrece verdades consoladoras para calmar nuestro corazón ansioso.

Tu Padre celestial alimenta a Sus criaturas (*v. 26*). Dios cuida de las cosas que crea. Él asume la responsabilidad por ellas. Jesús nos dirige a mirar las aves, a considerar cómo sus necesidades son suplidas con fidelidad. Ellas no tienen graneros ni la habilidad para ahorrar para el futuro. Aun así, Dios suple sus necesidades diarias.

Eres más valioso que cualquier criatura no humana (*v. 27*). Jesús también nos asegura que somos infinitamente más valiosos que los animales. La vida humana posee un valor incalculable porque el hombre y la mujer fueron creados a la imagen y semejanza de Dios. Fuimos diseñados para reflejar la gloria de Dios. Esto es lo que les da valor a los seres humanos.

Tu Padre celestial tiene un plan para el curso de tu vida (*v. 27*). Cuando el rey David alabó a Dios por la forma maravillosa en la que había sido creado, también reconoció que Dios lo guiaría con Su providencia según su plan soberano. «En Tu libro se escribieron todos los días que me fueron dados, cuando no existía ni uno solo de ellos» (Sal 139:16). Ya que esto es verdad para cada uno de nosotros, preocuparnos por el mañana no «puede añadir una hora al curso de [nuestra] vida».

Dios provee fielmente para nosotros. Él lo hace principalmente a través de nuestro trabajo y la mayordomía disciplinada de nuestros recursos (ver Pr 6:6-11). No obstante, incluso si somos fieles con nuestras responsabilidades y recursos, es posible que tengamos necesidades que permanecen sin suplir. Si este es nuestro caso, entonces confiamos en que Dios proveerá a su manera y en sus tiempos. Desesperarse es sumar preocupaciones falsas a nuestras ya numerosas preocupaciones reales.

Reflexiona: ¿Cuáles son tus preocupaciones falsas? Escríbelas, y también revisa tu «lista de preocupaciones» del día 1. ¿Las cosas por las que te estás preocupando actualmente son legítimas, o podrían algunas ser cosas que solo temes que *pudieran* suceder?

Actúa: Si no puedes distinguir entre preocupaciones falsas y reales, acude a un amigo cristiano sabio y pídele ayuda.

Actúa: Lee Salmo 127:2. Compáralo con lo que Jesús enseña sobre el cuidado y la provisión del Padre celestial.

DÍA 13

Tu Padre celestial provee

Y si Dios así viste la hierba del campo, que hoy es y mañana es echada al horno, ¿no hará Él mucho más por ustedes, hombres de poca fe? (*Mt 6:30*)

Somos personas terrenales que, por naturaleza, se enfocan en cargas terrenales. La pequeñez de nuestra fe se revela a sí misma en nuestra predisposición a preocuparnos por nuestras necesidades en lugar de descansar en el cuidado que nuestro Creador nos promete. Nuestra fe no ha madurado por completo; necesita cuidado constante. Sabiendo que así es, Jesús desarrolla nuestra fe enfrentando con gentileza nuestra incredulidad.

En los versículos que preceden a nuestro versículo de hoy, Jesús emplea otra ilustración de la naturaleza para provocar nuestra conciencia con una pregunta: «Y por la ropa, ¿por qué se preocupan? Observen [es decir, consideren de forma deliberada] cómo crecen los lirios del campo; no trabajan, ni hilan» (Mt 6:28). Claramente, Él busca redirigir hacia Dios los ojos cansados de nuestra fe.

Jesús nos invita a pensar sobre cómo son vestidos los lirios. No compran ni hilan su propia tela. Son adornadas de forma hermosa por el Señor, de manera que «ni Salomón en toda su gloria se vistió como uno de ellos (Mt 6:29). Jesús *no* nos desalienta de trabajar duro para proveer para nosotros mismos. Pero sin importar lo duro que podamos trabajar, Dios siempre está trabajando más duro a nuestro favor. Él es el proveedor supremo. Si Dios se preocupa por los lirios y los viste en una variedad deslumbrante de formas y de colores, y si viste la hierba del campo —la cual ha sido destinada a ser destruida— con tan preciosa variedad ¿cuánto *más* se preocupa Él por *ti*? Debemos reconocer Su tierno cuidado y confiarle nuestras preocupaciones pues, como afirma Jesús, «su Padre sabe lo que ustedes necesitan antes que ustedes lo pidan» (Mt 6:8).

Este cuidado fiel debería producir una gran confianza en el creyente. En vista de esto, Jesús vincula la ansiedad con tener «poca fe». La raíz de nuestra ansiedad es la incredulidad. Él desafía dicha incredulidad y la perspectiva pobre de Dios que esta tiene —el hecho de que, cuando estamos ansiosos, nuestro temor es que Dios no sea suficiente—. Pero Dios no tiene deficiencia de ninguna virtud. Tampoco es infiel jamás.

Con todas estas preguntas y exhortaciones, Jesús está diciendo lo mismo una y otra vez. «Mira lo que Dios está haciendo. Mira los lirios. Mira la hierba. Dios cuida constantemente de ellas, y son temporales. Él suple sus necesidades. ¿Por qué no confías en Dios cuando eres infinitamente más valioso que ellas y vivirás por la eternidad?». La incredulidad y la ansiedad te susurran al oído: «Tus necesidades no serán suplidas. ¿Qué vas a hacer?». En nuestra lucha contra la ansiedad, una perspectiva pobre de Dios nunca bastará. Dios le delegó el cuidado de la tierra al hombre (ver Gn 2:15), pero Él siempre ha sido el jardinero. Y el pináculo de la creación de Dios es el hombre (ver Sal 8). Por lo tanto, cree que Dios suplirá tus necesidades. Ten fe. ¡Dios se preocupa por ti!

Reflexiona: ¿De qué manera impacta tu confianza en Dios tu perspectiva de Él? ¿Cómo te ayuda a luchar contra tu ansiedad?

Actúa: Medita en Jeremías 17:7-8. Escribe en tu diario sobre los frutos de confiar en Dios. Escribe estos versículos en una tarjeta. Léelos a menudo. Permite que su verdad te recuerde que debes enfocar tu mirada hacia arriba.

Actúa: Encuentra algún amigo cristiano sabio y comparte con él cómo has visto que Dios suple tus necesidades. Entonces, juntos, alaben al Señor por cómo cuida de ustedes.

DÍA 14

Tu Padre celestial sabe

Por tanto, no se preocupen, diciendo: «¿Qué comeremos?» o «¿qué beberemos?» o «¿con qué nos vestiremos?». Porque los gentiles buscan ansiosamente todas estas cosas; que el Padre celestial sabe que ustedes necesitan todas estas cosas (*Mt 6:31-32*).

En el pasaje de hoy, Jesús menciona una relación que los incrédulos (los gentiles) no tienen. Ellos se preocupan por las necesidades básicas: la comida, la bebida y el vestido. Pero nosotros tenemos tanto bendiciones espirituales que superan con creces a las materiales como una confianza que no pueden tener los no cristianos. A través de nuestra fe y arrepentimiento en Cristo, *el* Padre celestial se ha convertido en *nuestro* Padre celestial. Él cuida del reino animal y del reino vegetal, y Él ama a Sus hijos infinitamente más (ver Mt 6:25-30). Por lo tanto, no deberíamos estar ansiosos (ver v. 31). No tenemos necesidad de preocuparnos por nuestras provisiones básicas (ver v. 32). Lo que apoya esta confianza en el cuidado personal de nuestro Padre celestial es el evangelio. La obra redentora que Jesús terminó para librarnos del castigo del pecado también nos rescata del orfanato del Maligno y nos introduce a la familia de Dios.

No siempre fuimos Sus hijos. Antes de nacer de nuevo, éramos «hijos de ira, lo mismo que los demás» (Ef 2:3). Éramos enemigos de Dios (ver Ro 5:10; Col 1:21). Pero cuando Dios abrió nuestro corazón al evangelio y creímos en Jesús, fuimos liberados del castigo y del poder del pecado. Dios «nos libró del dominio de las tinieblas y nos trasladó al reino de Su Hijo amado» (Col 1:13). Su gracia sublime inició nuestra adopción como hijos de Dios (ver Gá 4:4-5).

La adopción espiritual es el acto misericordioso de Dios mediante el cual introduce a Su familia al que cree en Jesús y le da todos los derechos y privilegios de un hijo pleno. En vista de esta adopción, el apóstol Pablo explica por qué no debemos ser controlados por el temor: «Pues ustedes no han recibido un espíritu de esclavitud para volver otra vez al temor, sino que han recibido un espíritu de adopción como hijos» (Ro 8:15). A diferencia de los incrédulos, tú tienes un Padre celestial a quien puedes acudir, uno que te conoce y se preocupa por ti.

Esta relación segura debería producir en ti una disposición de paz y de confianza, que es diferente a la de quienes no tienen a Dios como su Padre. Es en esta verdad que se apoya el mandato de Jesús: «no se preocupen». Los hijos de Dios pueden descansar en la promesa de que nuestro Padre suplirá todas nuestras necesidades, pero «los gentiles [los incrédulos] buscan ansiosamente todas estas cosas». Nuestra relación con Dios debería llevarnos a tener prioridades celestiales y una perspectiva especial que no está limitada por la ansiedad. Ya que eres de Dios, no tienes de qué preocuparte. Tal como lo dice el pastor Philip De Courcy: «Las preocupaciones ansiosas o ilegítimas no tienen lugar en la compañía de los cristianos y, ciertamente, tampoco en la presencia de Dios».[9] Cuando nuestro corazón se asienta en la realidad de que el Dios del universo es nuestro propio Padre celestial personal, ya no hay necesidad de estar ansiosos. Él sabe cuáles son todas nuestras necesidades y proveerá para nosotros.

¿Conoces a Dios como tu Padre celestial? Y, de ser así, ¿qué diferencia está marcando en tu vida? ¿Te ayuda a no preocuparte más?

Reflexiona: ¿por qué y de qué manera la ansiedad no es la voluntad de Dios para ti como cristiano?

Actúa: Lee Romanos 8:15-17. Escribe en tu diario sobre las bendiciones de la adopción en Cristo.

Actúa: Escríbele una oración personal a tu Padre celestial. Agradécele por adoptarte y por prometer suplir tus necesidades.

Cómo luchar contra la ansiedad

DÍA 15

Escoge regocijarte

Regocíjense en el Señor siempre. Otra vez lo diré: ¡Regocíjense! La bondad de ustedes sea conocida de todos los hombres (*Flp* 4:4-5).

«Quiero la felicidad», me dijo un amigo. Él es uno de muchos que conozco que quieren ser felices pero, a menudo, buscan la felicidad en los lugares incorrectos. En el momento en que escribo este capítulo, el motor de búsqueda de Amazon produce más de cincuenta mil resultados de libros sobre la felicidad. No obstante, a pesar de toda esta autoayuda disponible, la gente sufre de infelicidad crónica.

Por ejemplo, una infelicidad generalizada puede verse en forma de negatividad en el trabajo. La revista *Forbes* publicó recientemente un artículo que afirma que «los empleados desconectados son la norma» y que «donde hay empleados desconectados, normalmente hay quejas, chismes y descontento». El autor continúa: «Ya sea que luches ocasionalmente con un complejo de víctima o que hayas tenido en verdad crisis difíciles, es de ánimo recordar que cuando se trata de tu propio comportamiento, tú tienes todo el poder y siempre puedes elegir».[10]

«Siempre puedes elegir». ¿Lo notaste? Y ese es un consejo de una revista *secular*. ¡Cuánto más debería llamar nuestra atención una exhortación de las Escrituras!

Filipenses 4:4-5 constituye un mandamiento de parte de Dios. Considera las dos exhortaciones que se dan y su conexión entre sí.

- *Regocíjense en el Señor siempre*. Este mandato para la congregación en Filipos continúa el tema general de la epístola: el regocijo (ver Flp 1:18; 2:17-18, 28; 3:1). El gozo bíblico es tanto un *sentimiento* —una respuesta emocional no anticipada ante algo maravilloso— como una acción que puede ser ordenada.[11] Ten en cuenta que Pablo está en la cárcel, esperando su sentencia, cuando nos exhorta a regocijarnos siempre. Él demuestra de primera mano cómo debemos escoger tener al Señor como la fuente suprema de nuestro gozo. En otras palabras, el gozo verdadero no depende de nuestras circunstancias. El gozo duradero se encuentra solo *en el Señor.*

- *La mansedumbre de ustedes sea conocida de todos los hombres.* La palabra *bondad* en el versículo 5 también puede ser traducida como *mansedumbre. Mansedumbre* encaja bien porque es una característica preeminente de Cristo, aquel en quien somos llamados a regocijarnos. Existe solo un lugar en los cuatro Evangelios donde Jesús describe Su humanidad en términos personales. Es cuando dice: »Yo soy manso y humilde de corazón» (Mt 11:29). La mansedumbre es un rasgo de carácter de Cristo. Cuando nuestro gozo y nuestra mansedumbre son conocidos por «todos los hombres», llamamos la atención hacia Jesús. Ya sea que escojas regocijarte o quejarte, tu decisión impacta en tu testimonio.

Pero ¿qué tienen que ver el gozo y la mansedumbre con la ansiedad?

La ansiedad es asesina del gozo. Se alimenta de, y a menudo exagera, los problemas reales o los resultados negativos potenciales. La agitación interna que sentimos como resultado socava nuestra paz y nuestra mansedumbre. Pero como seguidores de Cristo, no deberíamos ser conocidos por un espíritu negativo; debemos ser conocidos por un espíritu de paz y de esperanza. Esta faz semejante a Cristo está a nuestro alcance porque comienza con una decisión: la decisión de regocijarnos.

Reflexiona: ¿Tienes la tendencia a dejar que tus circunstancias sean el fundamento de tu gozo (o de tu falta de él)? ¿Por qué?

Actúa: En tu diario, enumera las razones por las que deberías regocijarte en el Señor.

DÍA 16

Por nada te afanes; ora por todo

El Señor está cerca. Por nada estén afanosos; antes bien, en todo, mediante oración y súplica con acción de gracias, sean dadas a conocer sus peticiones delante de Dios (*Flp* 4:5-6).

El pasaje de hoy contiene un mandamiento doble: no estés afanoso por nada, pero ora por todo. Ten en cuenta, sin embargo, que este mandato es precedido por la promesa de que «el Señor está cerca». Cuando nos regocijamos en el Señor, nuestro enfoque va de nuestros problemas a la promesa del regreso triunfante de nuestro Señor.

Primero, ya que el Señor está cerca, se nos dice: «Por nada estén afanosos»; por nada presente, futuro o pasado.

¿Es posible preocuparnos por nuestro pasado? Claro que sí. Se llama *remordimiento*. Martyn Lloyd-Jones escribió: «El pasado no puede ser revertido y no puedes hacer nada al respecto. Puedes sentarte y ser miserable y puedes enredarte en el remordimiento por el resto de tu vida, pero no cambiará en lo más mínimo lo que has hecho. [...] No debemos preocuparnos ni por un segundo por algo que no pueda ser afectado ni cambiado por nosotros. Es un desperdicio de energía».[12]

A veces, desperdiciamos mucho tiempo y energía preocupándonos por pecados pasados. Pero si nos hemos arrepentido y hemos buscado el perdón de Dios —y de otras personas, cuando es posible (ver Ro 12:18)—, necesitamos activamente estar «olvidando lo que queda atrás y [extendiéndonos] a lo que está delante» (Flp 3:13). Ya sea que enfrentemos remordimiento por el pasado, las presiones de hoy o preocupaciones por el futuro, no debemos afanarnos por nada.

Segundo, se nos dice que le llevemos todo a Dios. Pablo explica *cuatro aspectos diferentes* de la oración mediante cuatro palabras que usa en el versículo 6.

Adora a Dios. La palabra *oración* se refiere a invocar a Dios como parte de nuestra adoración. Mientras más oramos por todo, más conscientemente sometemos nuestra vida al Señor. Mientras más nos preocupamos, más confiamos en nuestra propia habilidad para controlar las cosas (o, incluso, las personas). Como resultado, a menudo terminamos adorando a los ídolos de nuestro corazón: cualquier cosa que nos haga sentir seguros o en control.

Clama a Dios. El segundo aspecto de orar por todo es llevarle a Dios nuestras necesidades porque Él es perfectamente capaz de suplirlas. *Suplicar* implica que hemos sido provocados por el entendimiento de que nos falta algo esencial. En la oración, le llevamos a Dios nuestras necesidades, no porque no las conozca, sino porque necesitamos reconocer nuestra dependencia de Él.

Sé agradecido siempre. Debemos orar con *acción de gracias.* Ora a Dios *al mismo tiempo* que estás agradecido... *con* una actitud de gratitud. El agradecimiento es clave para vencer nuestra ansiedad ya que mueve deliberadamente la mirada de nuestro corazón de nuestras preocupaciones actuales a las obras portentosas de Dios.

Pon en palabras tus necesidades específicas. «Sean dadas a conocer sus *peticiones* delante de Dios». El Padre sabe cuáles son nuestras necesidades, pero muchas veces no las suple si no oramos por ellas, porque necesitamos la humildad que produce la oración en nosotros.

Al pensar en estos cuatro aspectos podemos entender cómo Dios usa la oración como parte de Su remedio para la ansiedad. Dios nos llama a adorarlo mediante la oración y nos invita a darle a conocer nuestras necesidades y a llevar a Él peticiones específicas en un espíritu de dependencia y de agradecimiento.

Reflexiona: Cuando te pones ansioso, ¿qué tan rápido acudes al Señor en oración?

Reflexiona: En medio de tus preocupaciones actuales, ¿qué puedes agradecerle al Señor?

Actúa: Anota tus tres preocupaciones principales y, luego, ora por ellas.

DÍA 17

Encuentra la paz a través de la oración

Y la paz de Dios, que sobrepasa todo entendimiento, guardará sus corazones y sus mentes en Cristo Jesús (Flp 4:7).

Dios quiere que le llevemos todo en oración porque necesitamos la humildad y la dependencia que la oración produce en nosotros (ver Flp 4:5-6). Como resultado de nuestra oración, la paz de Dios protege nuestro corazón y nuestra mente del temor, como lo vemos en el versículo de hoy. La paz de Dios ordena la huida de los pensamientos de ansiedad y previene que otros entren. Esta paz interior tiene tres cualidades.

Primero, *es una calma indescriptible*. Esta paz elude cualquier descripción adecuada; «sobrepasa todo entendimiento». Es una paz que el mundo no puede entender ni otorgar. Jesús dice: «La paz les dejo, Mi paz les doy; no se la doy a ustedes como el mundo la da. No se turbe su corazón ni tenga miedo» (Jn 14:27).

Segundo, *protege la estabilidad emocional y mental*. El apóstol nos asegura que esta paz «guardará sus corazones y sus mentes». La palabra *guardar* es un término militar. Se refiere a una guarnición de soldados activos. Cuando oramos, Dios despliega una fuerza defensiva de guerreros armados que rodean nuestra persona interior y la protegen de ataques de ansiedad que disturbarían nuestra paz. Esto nos recuerda una promesa maravillosa: «Al de firme propósito guardarás en perfecta paz, porque en Ti [es decir, en Dios] confía» (Is 26:3). Cuando nuestra atención está fija en el Señor, Su paz vigila nuestro corazón y nuestra mente.

Tercero, *le pertenece solo a los creyentes*. Esta paz guarda el corazón y la mente de los que están «en Cristo Jesús». Estar «en Cristo» significa estar unido a Él mediante la fe (ver Gá 2:20).[13] Solo cuando estamos conectados con Jesús puede reinar Su paz en nuestro corazón. Esta calma indescriptible no puede ser experimentada por una persona que no ha sido salva, porque viene del Espíritu Santo (ver Gá 5:22).

Si no estás en paz *con* Dios, nunca podrás experimentar la paz *de* Dios. Estar en paz con Dios significa que tus pecados han sido tratados con justicia en la cruz del Calvario (ver 1 P 3:18). Significa que confías en Jesucristo como tu Señor y Salvador crucificado y resucitado que ha hecho las paces con Dios a tu favor (ver Col 1:20). Él es el único Mediador entre Dios y los pecadores (ver 1 Ti 2:5). Cuando acudes a Dios mediante la fe en Su Hijo y recibes Su obra expiatoria a tu favor, esta promesa fuerte como la roca te pertenece: «Habiendo sido justificados por la fe, tenemos paz para con Dios por medio de nuestro Señor Jesucristo» (Ro 5:1). ¿Estás en paz con Dios? Si no, no puedes ni siquiera comenzar a vencer la ansiedad. La paz espiritual se encuentra solo «en Cristo Jesús». Si no eres cristiano, acude a Jesús en fe hoy.

Si ya conoces a Jesucristo, entonces descansa en la paz que Dios ha provisto. Aquellos que son redimidos por la sangre del Cordero encuentran seguridad en Su promesa: «Estas cosas les he hablado para que en Mí tengan paz. En el mundo tienen tribulación; pero confíen, Yo he vencido al mundo» (Jn 16:33).

Reflexiona: ¿De qué manera la paz *con* Dios lleva a experimentar la paz *de* Dios?

Actúa: Acude a Dios en oración. Confiésale tus ansiedades. Deja que Él envíe Su paz para guardar tu corazón y que coloque un cartel que diga: «Ansiedad, ya no se te permite entrar aquí. ¡No disturbes la paz!».

Actúa: Medita en Isaías 26:3. Escribe el versículo en una tarjeta y colócala donde la veas a menudo... o quizás escríbela en una nota en tu teléfono celular.

DÍA 18

Piensa de forma positiva

Por lo demás, hermanos, todo lo que es verdadero, todo lo digno, todo lo justo, todo lo puro, todo lo amable, todo lo honorable, si hay alguna virtud o algo que merece elogio, en esto mediten (Flp 4:8).

Lo que pensas importa, y mucho. Piensa por un minuto en lo importante que es pensar sobre tus pensamientos.

- Antes de nacer de nuevo, tu forma de pensar era vana y tu entendimiento estaba entenebrecido (ver Ef 4:17-18).
- En el nuevo nacimiento, recibiste al Espíritu Santo, quien conoce la mente de Dios (ver 1 Co 2:11).
- Así pues, el Espíritu te reveló los pensamientos de Dios por medio de las Escrituras (ver 1 Co 2:12-16).
- Como nueva criatura en Cristo (ver 2 Co 5:17), eres personalmente responsable de despojarte del antiguo tú, el cual incluye tu manera natural de pensar, y ser renovado en el espíritu de tu mente (Ef 4:22-23).
- A medida que renuevas tu mente con la verdad de las Escrituras, tu vida es transformada, lo cual resulta en cumplir la voluntad de Dios (Ro 12:1-2).

Para resumir, en Cristo tienes todos los recursos necesarios para desarrollar una mente cristiana.

No obstante, ¿qué hace nuestra mente cuando la ansiedad ataca? Nuestras preocupaciones nos atrapan en una prisión de pensamientos negativos. «¿Y si no me dan el aumento?». «¿Y si mi salud se deteriora?». «¿Y si mi hijo no se convierte?». «¿Y si no termino mi trabajo a tiempo?». «¿Y si nunca se abre conmigo?». Nos vemos plagados por estos pensamientos, y la ansiedad impulsa a nuestra mente a entrar por caminos impíos. ¿Contra qué pensamientos de preocupación estás luchando ahora mismo?

Aquí está la respuesta de Pablo a este problema: «Si hay alguna virtud o algo que merece elogio, en esto mediten» (Flp 4:8). No permitas que la palabra «si» te confunda; el versículo no está diciendo: «Si es que existen cosas virtuosas, *entonces*...». A veces, la palabra *si* tiene el significado de «porque» o «ya que». *Porque* sí existen virtudes excelentes y dignas de elogio, *entonces* medita en estas cosas. Ese es el punto de Pablo; él nos manda a fijar nuestra mente en las cualidades redentoras que son vitales para un pensamiento como el de Cristo. «Todo lo que es *verdadero*, todo lo *digno*, todo lo *justo*, todo lo *puro*, todo lo *amable*, todo lo *honorable*...».

Muchas veces, esto puede parecer inútil. Pero, por la fuerza de Dios y a través de la obra del Espíritu en ti, puedes luchar hasta salir de la prisión de los pensamientos negativos. Dios puede ayudarte, de manera sobrenatural, a luchar contra los pensamientos negativos. ¿Crees que esto es verdad?

Al mismo tiempo, tienes esta responsabilidad: «En esto mediten». No cedas ante tus preocupaciones. Como lo vimos ayer, la paz de Dios que resulta de la oración puede guardar tu corazón y tu mente del temor (ver Flp 4:7). Entonces, puedes aferrarte a estas cosas excelentes y que merecen elogio y enfocar tu mente, en lugar de permitir que sea abrumada por el temor.

¿Te animas a enfrentar este reto de enfocar tu mente en las cosas correctas?

Reflexiona: Cuando estás ansioso, ¿qué pensamientos negativos ocupan a menudo tu mente?

Reflexiona: Cada una de las virtudes mencionadas en Filipenses 4:8 se cumplen perfectamente en Cristo. Por ejemplo, Jesús dijo: «Yo soy el camino, *la verdad* y la vida» (Jn 14:6).

Actúa: En tu diario, enumera unas razones por las que debes regocijarte en el Señor.

DÍA 19

Cultiva una actitud de gratitud

Que la paz de Cristo reine en sus corazones, a la cual en verdad fueron llamados en un solo cuerpo; y sean agradecidos. Que la palabra de Cristo habite en abundancia en ustedes, con toda sabiduría enseñándose y amonestándose unos a otros con salmos, himnos y canciones espirituales, cantando a Dios con acción de gracias en sus corazones (*Col 3:15-16*).

Lucas 17:11-19 nos relata una ocasión cuando Jesús sanó a diez leprosos, pero solo uno de ellos regresó a mostrar gratitud. Cristo había sanado físicamente al leproso, pero lo más importante fue que nuestro Señor también había sanado la lepra del pecado de su corazón. Según Jesús, la fe de este hombre lo sanó (ver Lc 17:19). ¿Qué distinguía a este hombre de los otros nueve? Él conoció a Jesús como su Salvador, no solo como un sanador. Como resultado, se convirtió en una nueva criatura en Cristo. Y este encuentro que salvó su alma produjo en él un corazón agradecido.

La conversión del leproso agradecido ilustra la expectativa sobre la nueva criatura que está presente en muchas de las cartas del Nuevo Testamento; es decir, que los pecadores salvados por gracia estarán llenos de gratitud. El contexto más amplio de los versículos de hoy es el mandamiento de Dios a los creyentes de desechar «al viejo hombre con sus malos hábitos» y vestirse «del nuevo hombre» (Col 3:9-10).

Dos disciplinas espirituales cultivan una actitud de gratitud.

Que la paz de Dios reine en tu corazón. Una actitud de gratitud está directamente ligada con el gobierno de la paz *de* Dios en nuestro corazón. Como lo vimos en el día 8, tener la paz de Dios es diferente a estar en paz *con* Dios. La paz *con* Dios es posicional: tiene que ver con quiénes somos en Cristo. Ya no somos enemigos, sino amigos, ciudadanos sumisos del reino e hijos (ver Jn 15:15; Col 1:21-22; 1 Jn 3:2). Pero la paz *de* Dios es empírica: es una seguridad tranquila que guarda nuestra persona interior mediante el Espíritu Santo, la oración y la confianza basada en la Palabra (ver Is 26:3; Ro 14:17; Flp 4:6-7). Cuando la paz de Dios reina en nuestro corazón, le cuesta más a la ansiedad entrar. Es demasiado fácil para nosotros buscar soluciones rápidas a nuestras preocupaciones, como intentar reacomodar nuestras circunstancias. (¿Trabajo difícil? Encuentra otro. ¿Relación complicada? Evita a la persona). Aunque esto puede darnos un alivio temporal, una paz *empírica* duradera viene de la paz *posicional.* A fin de calmar nuestras ansiedades, primero tenemos que reconciliarnos con Dios.

Que la Palabra de Cristo habite en abundancia en ti. Meditar en la Palabra permite que llegue hasta lo profundo de nuestra persona interior. Reta y transforma las preocupaciones de nuestra mente y los temores de nuestro corazón, lo cual produce gozo. Este gozo entonces produce en nosotros un deseo de cantar alabanzas que exalten a Cristo. Parece claro en este texto que un espíritu agradecido fluye de un corazón tocado por la gracia, controlado por el Espíritu y alimentado por la Palabra.

Así que, cuando estemos ansiosos, debemos preguntarnos: «¿Qué está pasando en mi corazón?». Lo más probable es que carezcamos de la actitud de gratitud que fluye del gobierno y del enriquecimiento de la Palabra.

Aunque la ansiedad y la falta de gratitud comúnmente van de la mano, no deben ser el estilo de vida de quienes conocen a Cristo.

Reflexiona: ¿Cuándo le cantas alabanzas a Dios? ¿Es la reunión del pueblo de Dios el domingo el único momento en que cantas salmos, himnos y cánticos espirituales? Si es así, ¿por qué?

Reflexiona: ¿Qué cambios debes hacer respecto a tu consumo de la Palabra mediante la lectura, el estudio y la memorización? Si no estás seguro de cómo hacer estos cambios, encuentra a un cristiano maduro y pídele ayuda.

Actúa: En tu diario, comienza una lista titulada: «Razones por las que estoy agradecido», y llénala conforme el Espíritu traiga a tu mente maneras en las que la gracia de Dios ha sido derramada en tu vida.

DÍA 20

Mata la preocupación con las dagas de la verdad

Pues aunque andamos en la carne, no luchamos según la carne. Porque las armas de nuestra contienda no son carnales, sino poderosas en Dios para la destrucción de fortalezas; destruyendo especulaciones y todo razonamiento altivo que se levanta contra el conocimiento de Dios, y poniendo todo pensamiento en cautiverio a la obediencia de Cristo (2 Co 10:3-5)

Estamos en una guerra espiritual que se puede pelear sin armas espirituales. Ya que esta batalla ocurre en «fortalezas», «especulaciones» y razonamientos humanos, debemos luchar contra el mundo, la carne y el diablo en ese mismo ámbito. Para vencer estas mentiras, debemos tomar la espada del Espíritu, que es la Palabra de Dios (ver Ef 6:17). Matamos las dudas y las mentiras con las *dagas de la verdad*: enunciados condensados que están arraigados en la enseñanza bíblica.

Para vencer la ansiedad, debes aprender a matar consistentemente las mentiras que tu corazón depravado cree. Reemplaza las conclusiones del mundo con verdades bíblicas. «Transfórmense mediante la renovación de su mente» (Ro 12:2). Esta renovación significa purificar tu manera mundana de pensar «llenándola con una porción nueva y abundante de la manera de pensar de Dios, tal como se expresa en las Escrituras»[14]. «Poniendo todo pensamiento en cautiverio» en sumisión a la Palabra de Dios.

Meditemos de nuevo en las palabras de Jesús sobre el cuidado fiel de Dios, las cuales pronunció para fortalecer nuestra fe (ver Mt 6:25-34). Pero esta vez, tomemos un enfoque diferente. Aconséjate a ti mismo con las verdades centradas en Cristo que encontrarás a continuación, las cuales están basadas en las palabras de Jesús en este pasaje. Un consejo útil: intenta leerlas en voz alta para que entren al mismo tiempo por tus ojos y por tus oídos.

- Dios me ordena que no me preocupe. Necesito arrepentirme de mi ansiedad (ver vv. 25, 34).

- La esencia de la vida es mucho más importante que las cosas materiales (ver v. 25).
- Las aves no se preocupan, inquietan ni acumulan y, aun así, sus necesidades son suplidas (ver v. 26).
- Dios alimenta a las aves, las cuales ni siquiera están hechas a su imagen (ver v. 26).
- Ya que soy hecho a la imagen de Dios, soy mucho más valioso para Él que todas las aves de la naturaleza (v. 26).
- La preocupación no me ayudará a prolongar mi vida (ver v. 27).
- Las flores son vestidas por Dios. Dios me vestirá a mí también (ver vv. 28-30).
- La preocupación nace de la incredulidad, no de la fe (ver v. 30).
- La preocupación es característica de los incrédulos y de aquellos con enfoques mundanos (ver vv. 31-32).
- Mi Padre celestial conoce todas mis necesidades (ver v. 32).
- Dios suplirá todas mis necesidades materiales cuando yo busque a Cristo y Su voluntad antes que todo (ver v. 33).
- La ansiedad toma prestado del mañana, pero nunca devuelve el favor. Solo aumenta los problemas de hoy (ver v. 34).
- El mañana ya tiene suficientes problemas. No debo añadirle al preocuparme (ver v. 34).

Listo. Así es como se mina una porción de las Escrituras, se extraen pedazos de mena y se forjan en dagas de verdad que puedes usar para matar la preocupación.

Reflexiona: ¿Qué dudas o mentiras alimentan a menudo tu lucha contra la ansiedad? Escríbelas y confiésalas al Señor.

Actúa: Tú puedes minar las Escrituras tal como yo lo hice. Lee el Salmo 37. ¿Qué dagas de verdad encuentras en este pasaje que pueden ayudarte a matar la preocupación? Enuméralas en tu diario y ora con ellas.

DÍA 21

Echa tu ansiedad

Humíllense, pues, bajo la poderosa mano de Dios, para que Él los exalte a su debido tiempo, echando toda su ansiedad sobre Él, porque Él tiene cuidado de ustedes (*1 P 5:6-7*).

La ansiedad es a veces fruto del orgullo, en especial cuando la oración es escasa. Aunque a menudo minimizamos nuestra falta de oración, esta desenmascara un espíritu independiente. Revela nuestro fracaso en reconocer nuestra debilidad y dependencia total de Dios. Cuando no oras, y cuando tratas de luchar contra la ansiedad por tu cuenta, demuestras tu necesidad de humildad ante el Señor.

Pedro establece esta conexión importante. Pero observa que, antes de que Pedro exhorte a sus lectores (creyentes que están sufriendo) a formar el hábito de llevarle a Dios sus ansiedades —de echarlas a Sus pies, en sentido figurado—, él hace un llamado a la humildad. Debemos cultivar una verdadera humildad en nosotros y para nosotros. Como una ropa, debemos ponérnosla (ver Col 3:12). Ningún ser humano puede hacerlo por nosotros. Sí, otros pueden humillarnos, pero solo la obra santificadora del Espíritu puede movernos a humillarnos genuinamente a nosotros mismos. Para lograrlo, necesitamos gracia divina para combatir el orgullo y la incredulidad. Los versículos de hoy están llenos de verdad transformadora para el corazón que tiende a la ansiedad. Encontramos un mandamiento, su propósito, una manera de obedecer el mandamiento y el porqué.

El mandamiento es que te humilles a ti mismo. El versículo 6 comienza con «humíllense» e inmediatamente le sigue la palabra «pues». Este mandamiento está precedido por una advertencia y una promesa: «Dios resiste a los soberbios, pero da gracia a los humildes» (v. 5). Cuando te humillas ante Dios, te da más gracia. Esta gracia te da el poder para que no permitas que la ansiedad sobre tus pruebas te aleje de Dios.

El propósito de la humildad es ayudarnos a sustituir la autoexaltación con confianza en Dios. La ansiedad a menudo está ligada a nuestro deseo por tener el control, el cual, a su vez, está conectado cin una opinión elevada de nosotros mismos. La advertencia de Pedro es esta: si te exaltas a ti mismo, serás humillado por la poderosa mano de Dios. Pero si te humillas a ti mismo, la misma «poderosa mano de Dios» te exaltará «a su debido tiempo».

La forma de humillarte es echar todas tus preocupaciones sobre Dios. Pedro no simplemente demanda de manera abrupta que obedezcamos un mandamiento; él nos dice cómo obedecerlo de forma específica. La forma de obedecer el mandamiento de ser humilde es «echando toda su ansiedad» sobre Dios. Esto se logra hablando con Dios y soltándole tus preocupaciones en fe. ¿Estás listo para llevarle tus ansiedades al Señor como acto de humildad?

La razón por la cual debes humillarte en oración es clara: Dios tiene cuidado de ti. Pedro conecta el alivio de la ansiedad con la consciencia del cuidado fiel de Dios. «Él tiene cuidado» está en tiempo presente en el griego original, lo cual se refiere a una acción continua. Esta es la manera de Pedro de enfatizar cuánto Dios cuida constantemente de ti. Nuestras ansiedades se avivan cuando no confiamos que el Señor cuida de nosotros. ¿Crees que Él cuida de ti?

Echar tus ansiedades sobre Dios es una expresión de dependencia continua en Él, lo cual es fruto de la humildad. ¿Por qué esperar? Humíllate ante Él ahora mismo y llévale tus ansiedades.

Reflexiona: ¿Cómo puede tu ansiedad mostrarte tu necesidad de más gracia?

Reflexiona: ¿Cómo describirías tu vida de oración? ¿Qué pasos debes tomar para humillarte?

Actúa: La falta de oración es un indicador de orgullo y de autosuficiencia. Si esto te define, arrepiéntete ahora mismo y pídele ayuda al Señor.

DÍA 22

¡Recobra la sobriedad!

Sean de espíritu sobrio, estén alerta. Su adversario, el diablo, anda al acecho como león rugiente, buscando a quien devorar (*1 P 5:8*).

Las malas hierbas de la ansiedad prosperan en el huerto del orgullo, y el huerto del orgullo es el patio de recreo del diablo. Esa es la conexión que Pedro establece aquí. Ayer, vimos que Dios «resiste a los soberbios» (1 P 5:5) y nos manda: «Humíllense» (v. 6). Ahora, Pedro nos advierte que debemos estar alerta ante el enemigo. ¿Por qué? Como lo hizo con Lucifer (ver Is 14:13-14), el orgullo nos prepara para caer. Sin embargo, cultivar la humildad al echar nuestras ansiedades sobre Dios nos defiende del enemigo de nuestra alma (ver 1 P 5:7).

Todo esto nos recuerda que la humildad es vital en la vida cristiana. En su clásico devocional, Andrew Murray escribe: «No consideremos al orgullo solo como un humor impropio, ni a la humildad solo como una virtud decente. Uno es la muerte, y la otra es la vida; uno es puro infierno, y la otra es puro cielo».[15] El orgullo es lo opuesto a la semejanza a Cristo. La autoconfianza y su frecuente compañera, la ansiedad, se oponen a la confianza en Dios. Por lo tanto, seguir la humilde senda de Jesús requiere una autoevaluación honesta. A esto se refiere Pedro cuando nos manda ser «de espíritu sobrio».

Una sobria autoevaluación nos ayuda a controlar nuestras emociones y temores. Como escribió Pablo, que nadie «piense de sí mismo más de lo que debe pensar, sino que piense con buen juicio, según la medida de fe que Dios ha distribuido a cada uno» (Ro 12:3). Básicamente, la humildad implica tener una perspectiva precisa de ti mismo para que puedas evaluarte con honestidad desde un punto de vista bíblico. Esto te ayuda a luchar contra la ansiedad porque ves que solo Dios es fuerte y suficiente para ser confiable.

El mandato de «sean de espíritu sobrio, estén alerta» enfatiza la necesidad urgente de estar atento en la guerra espiritual, en particular estando consciente de las formas en las que tu adversario espiritual toma ventaja de tus tendencias o debilidades específicas. No te sorprendas de que Satanás quiera que vivas una vida con tendencia a la ansiedad. Tres descriptores del versículo de hoy nos revelan lo insidioso de su manera de actuar.

Satanás acusa. El diablo «acusa [a nuestros hermanos] delante de nuestro Dios día y noche» (Ap 12:10). Las acusaciones de nuestra consciencia son útiles (ver Ro 2:14-15), pero las de Satanás siempre son destructivas.

Satanás calumnia. Él es «el diablo» (*diabolos*). Es diabólico en su engaño. Como lo hizo con Eva, la principal manera en la que el diablo calumnia a Dios es susurrando dudas sobre Su bondad e integridad (ver Gn 3:3-6).

Satanás consume. El diablo «anda al acecho como león rugiente». Siempre está hambriento por «devorar» creyentes. Como un león que toma a su presa por sorpresa arrastrándose lentamente con el cuerpo pegado a la tierra, Satanás siempre anda al acecho.

Satanás también es el padre de mentiras (ver Jn 8:44). Por lo tanto, no debería sorprendernos que nuestro orgullo y su engaño a menudo se combinen para crear turbación en nuestro interior.

La humildad no es solo la postura adecuada de nuestro corazón ante el Señor; también es un medio para protegernos de los ataques a nuestra mente y alma. Pero, a menudo, aun así fracasamos. En nuestro orgullo, cedemos al temor y a la tentación. Qué gran consuelo, entonces, es saber que, aun cuando pecamos con nuestras emociones, podemos acudir de nuevo a nuestro «Abogado para con el Padre, a Jesucristo el Justo» (1 Jn 2:1).

Reflexiona: La autoconfianza y el orgullo conducen a una vida más ansiosa.

Reflexiona: ¿Cómo ves que tu orgullo se mezcla con tu ansiedad? ¿Alguna otra emoción es un foco específico de vulnerabilidad para ti?

Actúa: Escribe una oración. Confiésale tu orgullo al Señor y ruégale que te dé una autoevaluación precisa.

DÍA 23

Confíale a Dios tu vida por las noches

Pero Tú, oh Señor, eres escudo en derredor mío, mi gloria, y el que levanta mi cabeza. Con mi voz clamé al Señor, y Él me respondió desde Su santo monte. Yo me acosté y me dormí; desperté, pues el Señor me sostiene (*Sal 3:3-5*).

La falta de sueño es un resultado común de la ansiedad. Damos vueltas y vueltas en la cama, molestos por lo que pasó hoy y preocupados por lo que será mañana: deudas, conflictos relacionales, resultados de la tomografía de algún familiar… Sin importar cuál sea la causa de nuestra preocupación, la ansiedad es un ladrón. Pero existe una manera de detener aquello que te roba una buena noche de descanso.

El rey David escribió el salmo de hoy cuando su hijo, Absalón, dirigía un golpe de estado para usurpar su trono (ver 2 S 15). En medio de las garras del temor, tras haber huido de Jerusalén, este hombre conforme al corazón de Dios de alguna forma se acostó y durmió. ¿Cómo es posible? Su oración en este salmo responde esa pregunta. Revela tres verdades inamovibles que pueden actuar como ayudas espirituales para dormir cuando, confiado y lleno de fe, te entregas al cuidado del Señor.[16]

Dios te rodea como un escudo. El astuto engaño de Absalón y sus palabras sutiles convirtieron el reinado pacífico de David en una guerra terrorífica. Los detractores se burlaban del rey y de la supuesta protección de Dios hacia él. Pero él oró: «Tú, oh Señor, eres escudo en derredor mío» (v. 3). Cuando tus circunstancias se vuelven terreno fértil para el crecimiento del temor, debes seguir el ejemplo de David. Da un giro decisivo en tu enfoque de los ataques y acusaciones de los malvados en tu contra hacia las verdades firmes sobre Dios. Pelea contra el temor con un temor más grande: el temor de Dios. Él es el escudo invisible que te rodea.

Dios te sustenta mediante el sueño. La confianza sencilla de David en Dios como su protector lo llevó a orar con fervor: «Con mi voz clamé al Señor» (v. 4). Y Dios respondió. Él proveyó sueño para rehabilitar la fatiga de la mente y el cuerpo de David. Dios hará lo mismo contigo. Si imitas el fervor en la oración que demostró David, su testimonio puede convertirse en el tuyo: «Me acosté y dormí; me desperté, pues es Yahweh quien sigue sosteniéndome» (v. 5).[17] En una nota al pie en el versículo 5, Motyer ofrece una traducción alternativa a la última frase: «¡el Señor es mi almohada!».[18] David *halló descanso* en Dios y *se apoyó* en Dios. Este descanso continuo lo llevó a una confianza más grande aún: «No temeré a los diez millares de enemigos que se han puesto en derredor contra mí» (v. 6).

Dios te da seguridad con Su salvación. David sabía que, sin importar qué pudieran hacerle sus enemigos, Dios siempre tendría la última palabra. A final de cuentas, era el Señor quien los heriría y rompería «los dientes de los impíos» (v. 7). Herir en la mejilla significa reprensión, y romper los dientes significa que, al final, Dios deja inofensivos a Sus enemigos.[19] En las manos de Dios, los enemigos de Sus hijos son como tigres sin dientes que pueden causar mucho dolor y problemas, pero que, a final de cuentas, no pueden dañar a los que Él protege. Todo esto lleva a la triunfante conclusión de David en el último versículo: «La salvación es de Yahweh» y «¡Sea sobre Tu pueblo Tu bendición!» (v. 8).[20]

Recuerda: Dios cuida a quienes le pertenecen. Aunque puede que te lleve a través de valles de sombra y de aguas profundas, el Señor siempre está contigo. No temas. Acude a Él. Dí a tu alma: «Regresa a la cama, oh alma mía. Acuéstate y duerme. Pues el Señor está de mi lado».

Reflexiona: La ansiedad te roba el sueño, pero el temor del Señor te otorga descanso.

Reflexiona: ¿Confías que el Señor está a tu favor, protegiéndote, sustentándote y rescatándote?

Actúa: Lee Lucas 12:4-7. En tu diario, escribe qué significa temer a Dios más que a cualquier otra cosa. ¿Qué garantía nos da Jesús?

DÍA 24

Recuerda las promesas de Dios

Mas ahora, así dice el SEÑOR tu Creador, oh Jacob, y el que te formó, oh Israel: «No temas, porque Yo te he redimido, te he llamado por tu nombre; Mío eres tú. Cuando pases por las aguas, Yo estaré contigo, y si por los ríos, no te cubrirán. Cuando pases por el fuego, no te quemarás, ni la llama te abrasará» (*Is 43:1-2*).

Las promesas de Dios son como pilares de hormigón hincados profundamente en el fondo del océano. Cuando las olas de la ansiedad nos sacuden de aquí para allá o amenazan con hundirnos, podemos atar la cuerda de nuestra fe al carácter inamovible de Dios, revelado en Sus promesas. «No temas», dice Dios, y luego hace una promesa.

El profeta Isaías recibió una dura tarea: declarar el descontento que Dios tenía hacia Su pueblo escogido y predecir el juicio que recibirían. Pero, como sucede tan a menudo con Dios, mezcladas entre estas noticias dolorosas vienen promesas de esperanza y de restauración. Aunque estas promesas fueron hechas a la simiente física de Abraham, también pueden ser aplicadas a su simiente espiritual —los «hijos de Abraham» (Gá 3:7)— es decir, cada cristiano. Puedes atar la cuerda de tu fe a las garantías de Dios.

Dios cuida de ti porque te creó, te redimió y te hizo Suyo (ver Is 43:1). Eres precioso para Dios porque Él te redimió y te adoptó a Su familia (ver Gá 4:4-5). Él te llama por Su nombre e incluso te ha dado uno nuevo (ver Ap 2:17). Él dice: «Mío eres tú».

Dios estará contigo en tus pruebas (ver Is 43:2). Él le aseguró a Su pueblo escogido: «Cuando pases por las aguas, Yo estaré contigo». Y, hoy, te asegura: «Nunca te dejaré ni te desampararé» (He 13:5). Incluso si caminas por valles de sombra, Dios está contigo (ver Sal 23:4). Te dice: «No estás solo».

Tus pruebas no te abrumarán (ver Is 43:2). Dios le aseguró a Su pueblo que estaría con él en los ríos y en el fuego. Su presencia prevendría que fueran abrumados, quemados o abrasados. Aunque tu fe es probada «por fuego», estás siendo protegido «mediante la fe» (ver 1 P 1:5-7). En momentos de prueba, puedes estar confiado en que Dios «proveerá también la vía de escape, a fin de que puedan resistirla» (1 Co 10:13). Él dice: «Estás seguro».

Cuando confías en ellas, las promesas de Dios tienen el poder de domar tus emociones. Tus ansiedades exclaman: «¡Dios te ha olvidado! ¡Estás solo! ¡Estás en peligro!». Trabajan horas extra para distraerte de lo que es verdad. Pero Dios te asegura: «Mío eres tú. No estás solo. Estás a salvo». ¿Confías en estas promesas? ¿Te anclarás a ellas? Cuando tu depósito espiritual está bien abastecido de promesas como estas, será más difícil que tu corazón se vea abrumado por el temor, y serás más como el hombre justo que «no temerá recibir malas noticias» porque tu «corazón [estará] firme, confiado en el Señor» (Sal 112:7).

Reflexiona: En Isaías 41, el Señor le asegura a Su pueblo que, aunque el juicio viene, ellos no serán desechados. Su presencia continua está garantizada: «No temas, porque Yo estoy contigo; no te desalientes, porque Yo soy tu Dios. Te fortaleceré, ciertamente te ayudaré, sí, te sostendré con la diestra de Mi justicia» (v. 10). ¿Cómo te consuela esto?

Actúa: Ancla tu vida a algunas promesas más de Dios: Salmos 18:30; 94:18-19; Hebreos 13:6. Memoriza estas promesas y deja que sean tu ancla cuando tengas miedo.

Actúa: Escribe tu propia oración que comunique confianza en Dios y en Sus promesas.

DÍA 25

Debilita el poder del temor con la fe

El Señor es mi luz y mi salvación; ¿a quién temeré? El Señor es la fortaleza de mi vida; ¿de quién tendré temor? [...] *Una cosa he pedido al Señor, y esa buscaré: que habite yo en la casa del Señor todos los días de mi vida, para contemplar la hermosura del Señor y para meditar en Su templo* (*Sal 27:1, 4*).

La ansiedad en aumento a veces hace que parezca imposible responder de manera justa. El pastor y autor Brian Borgman explica: «La preocupación es una emoción incapacitante que nos paraliza. Nos oprime emocionalmente, volviéndonos prácticamente inútiles para cualquier otra cosa. Además de eso, lleva a otros pecados. "No te irrites, solo harías lo malo" (Sal 37:8). [...] El temor lleva a mentir, a olvidarse de Dios, a no confiar en Dios y a no temer a Dios».[21] No siempre reconocemos esta tendencia y, si lo hacemos, no siempre lo admitimos. Pero la ansiedad sí puede llevar a otros pecados, como lo vimos en la primera parte de este devocional.

Es por eso que tenemos tanto que aprender del Salmo 27. El conflicto induce algunos de los niveles más altos de ansiedad que experimentarás. A medida que aumentaban los enemigos del rey David, también lo hacía su ansiedad. Tres veces en los primeros versículos de este salmo, David confiesa que tiene miedo (ver vv. 1-3). Por lo menos seis veces en todo el salmo, él identifica la base de su temor: malhechores, adversarios, ejércitos, enemigos y testigos falsos (ver vv. 2, 3, 6, 12). A pesar de esto, en lugar de responder con pecado, David responde de manera justa, con un corazón fortalecido por una fe centrada en Dios. Él acude a su única ayuda y clama a Dios (ver v. 7). Él lucha contra el temor con confianza en Dios como su defensor.

¿Cómo lo hizo? ¿Qué podemos aprender de su ejemplo?

La fe debilita el poder del temor al recordarnos la presencia presente del Señor (v. 1). David se recuerda a sí mismo: «El Señor es mi luz y mi salvación» y «el Señor es la fortaleza de mi vida». En medio de las garras del temor, la fe bíblica no solo considera las promesas de liberación *futura*, sino también a las garantías de protección *presente*. Siendo perseguido por sus enemigos, David dice: «Dios está aquí conmigo. En él pondré mi confianza. Él es mi protección».

La fe debilita el poder del temor cuando nuestro enfoque y nuestros afectos se centran únicamente en el Señor (v. 4). David deliberadamente voltea los ojos de su corazón lejos de sus temores de la vida real hacia su anhelo inmarcesible: vivir en la presencia real y continua del Señor. David busca «todos los días de [su] vida [...] contemplar la hermosura del Señor». Como fue con David, así puede ser para con nosotros. Mirar la belleza del Señor alineará de forma correcta nuestros afectos, avivará nuestra fe y aliviará nuestros temores. ¿Tienes ese mismo único de buscar al Señor? ¿O tu ansiedad te distrae de Él?

La fe es poderosa, ¿no? Nos ayuda a luchar contra nuestros temores a medida que encontramos nuestra confianza en el Señor.

Reflexiona: Tú, como David, ¿tienes la confianza de que Dios está de tu lado?

Reflexiona: ¿De qué maneras experimentas los efectos incapacitantes del temor? ¿Ves alguna tendencia en ti mismo a permitir que la ansiedad te guie a pecar de otras maneras? De ser así, ¿alguna vez te ves tentado a excusar esto?

Actúa: La segunda mitad del Salmo 27 (vv. 8-14) es una oración ansiosa que expresa la esperanza de David de ver sus anhelos de los versículos 1-7 materializarse al ver «“la bondad del Señor en la tierra de los vivientes» (v. 13). ¿Puedes orar tú esta oración y apropiarla?

DÍA 26

Confía en el Señor con todo tu corazón

Confía en el Señor con todo tu corazón, y no te apoyes en tu propio enendimiento (*Pr 3:5*).

Confiar en Dios es algo de lo que hablan mucho los cristianos, y aun así tendemos a considerarlo opcional. Hay momentos en los que confiamos en Dios y momentos en los que no, y pensamos que no hay problema. Pero la desconfianza es mucho más grave; nos lleva a confiar en otras cosas (ver Sal 20:7), ninguna de las cuales merece nuestra confianza. La desconfianza en Dios también nos vuelve mucho más ansiosos. Como un barco sin ancla en una tormenta, nos cuesta trabajo salir a flote de circunstancias peligrosas porque no estamos centrando nuestra vida en Cristo.

Un mejor entendimiento de la confianza nos ayudará aquí. Proverbios 3:5 nos muestra una confianza bíblica robusta que nos ayuda a luchar contra nuestros temores.

La confianza es externa («en el Señor»). Al llamarla externa, me refiero a que el fundamento de la confianza no está dentro de nosotros. La confianza bíblica está basada en algo —Alguien— fuera de nosotros mismos. Confiar en Dios no significa engañarnos para creer lo imposible. Implica descansar en el carácter de Dios. El único objeto adecuado de confianza es Dios mismo. Jeremías explica: «Bendito es el hombre que confía en el Señor» (Jr 17:7). En contraste, hay innumerables objetos de fe que son indignos. Estos incluyen, por ejemplo, la fuerza del hombre (ver Sal 33:16-17), los líderes de gobierno (ver Sal 146:3), la sabiduría y las riquezas (ver Jr 9:23) y nuestro propio corazón (ver Pr 28:26). ¿En quién o en qué estás confiando?

La confianza es total («con *todo* tu corazón»). Según las Escrituras, el *corazón* incluye la mente, las emociones y la voluntad. Por esa razón, la fe bíblica es el confiar todo nuestro ser a Dios en sumisión a Su Palabra. «Amarás al Señor tu Dios con todo tu corazón, con toda tu alma y con toda tu fuerza» (Dt 6:5). Dios promete bendición para aquellos cuyo deseo más profundo es amarlo: «¡Cuán bienaventurados son los que guardan Sus testimonios, y con todo el corazón lo buscan!» (Sal 119:2). ¿Le has entregado tu vida entera al Señor?

La confianza es exclusiva («no te apoyes en tu propio entendimiento»). Es natural que dependamos de nuestro propio razonamiento y que actuemos en consecuencia. Sin embargo, grandes peligros acompañan a la confianza en uno mismo, como lo advierte Oseas: «Han arado iniquidad, han segado injusticia, han comido fruto de mentira. Porque has confiado en tu camino, en la multitud de tus guerreros» (Os 10:13). Debemos confiar solo en Dios. ¿Estás confiando en ti mismo o en el Señor?

Tus temores pueden impedirte confiar en Dios. «Dios no cuidará de mí». «Nunca me casaré». «No sobreviviré el cáncer». «No ganaré lo suficiente como para proveerle a mi familia ni para salir de esta deuda». Tus preocupaciones ruedan por tu corazón y mente, diciéndote que confíes en ti mismo y «en tu propio entendimiento» porque Dios no es suficiente.

Pero el Señor mismo te llama: «Confía en mí. Permíteme ser tu refugio y fortaleza, tu pronto auxilio en las tribulaciones» (ver Sal 46:1). En lugar de dejar que tus miedos te dominen sin freno, comprométete hoy a confiar toda tu vida al Señor.

Reflexiona: ¿Qué temores te impiden confiar en Dios? Cuando estás ansioso ¿qué anhela tu corazón más que a Dios?

Reflexiona: ¿De qué maneras tiendes a apoyarte en tu propio entendimiento?

Actúa: Encuentra un cristiano maduro y pregúntale: «¿Cómo has crecido en tu confianza en el Señor?».

DÍA 27

Reconoce al Señor en todos tus caminos

Reconócelo en todos tus caminos, y Él enderezará tus sendas (*Pr 3:6*).

Preocuparse por el futuro es lo opuesto a confiar en el Señor. Cuando hacemos esto, es más probable que nos apoyemos en nuestro propio entendimiento: que intentemos controlar (al menos en nuestra mente) lo que está fuera de nuestro control. Cuando Jesús nos manda: «No se preocupen», una razón que da para esto es que las preocupaciones trasladan los problemas potenciales del mañana al presente. Pero «bástenle a cada día sus propios problemas» (Mt 6:34). En cambio, debemos planear y vivir sabiamente, como lo indican las Escrituras, siempre confiando en que Dios nos guía según Sus bondadosas intenciones.

Expresamos esta confianza cuando reconocemos al Señor a diario en todos nuestros caminos. «Caminos» se refiere a una travesía. La vida cristiana es una travesía de fe: un caminar diario que finalmente suma meses, años y décadas. La Nueva Traducción Viviente en este versículo dice: «Busca su voluntad en todo lo que hagas, y él te mostrará cuál camino tomar». La recompensa de nuestra dependencia diaria en el Señor es que podremos mirar hacia atrás y ver cómo —aunque las colinas y las vueltas hayan parecido demasiado difíciles— Él estuvo fielmente enderezando nuestras sendas.

Al buscar la voluntad de Dios, aprendemos a caminar por fe y no por vista (ver 2 Co 5:7). Conforme Dios nos guía y Su gracia nos lleva por las curvas del camino, vemos Su belleza, sabiduría y bondad de nuevas maneras. Así es como sucedió para Job. Después de vueltas enormes de sufrimiento indescriptible, Job vio a Dios con otra perspectiva y testificó: «He sabido de Ti solo de oídas, pero ahora mis ojos te ven» (Job 42:5). Antes del severo período de pruebas de Job, él había escuchado *sobre* Dios. Pero ahora, después de la reprensión de Dios, él vio *a* Dios. Descubrió de primera mano cómo era en verdad su fiel Redentor viviente (ver Job 19:25-27). Necesitamos recordar que, aunque desde nuestra perspectiva el camino parezca dar vueltas e incluso retroceder por momentos, la perspectiva de Dios es mucho más grande. A pesar de cada vuelta, Él dirige nuestro camino directamente hacia el cumplimiento de Su voluntad.

Una forma esencial en la que podemos buscar la guía de Dios es clamando a Él en oración: «Señor, guíame en Tu justicia por causa de mis enemigos; allana delante de mí Tu camino» (Sal 5:8); «Guíame en Tu verdad y enséñame, porque Tú eres el Dios de mi salvación; en Ti espero todo el día» (Sal 25:5); «Señor, enséñame Tu camino, y guíame por senda llana por causa de mis enemigos» (Sal 27:11); «Enséñame a hacer Tu voluntad, porque Tú eres mi Dios; Tu buen Espíritu me guíe a tierra firme» (Sal 143:10). Cuando te apoyas en el Señor a través de la oración y confías en que Él responderá, puedes descansar en Sus garantías. Él hará lo siguiente:

- te guiará por sendas deleitosas (ver Sal 23:1-2);
- te guiará al tomar decisiones (ver Sal 25:8-9);
- te guiará hasta el final de tu vida (ver Sal 48:14);
- te guiará con sabio consejo (ver Sal 73:24);
- te guiará a un entendimiento de la verdad (ver Sal 143:10; Jn 16:13).

No te preocupes por el futuro. Reconoce a Dios en todos tus caminos y Él «enderezará tus sendas».

Reflexiona: ¿Cómo necesitas crecer en reconocer a Dios en todos tus caminos?

Actúa: Lee Salmo 37:3-5. En tu diario, escribe las acciones que debes tomar y las promesas que Dios cumplirá.

DÍA 28

Relájate en Dios

Estén quietos, y sepan que Yo soy Dios; exaltado seré entre las naciones, exaltado seré en la tierra. El Señor de los ejércitos está con nosotros; nuestro baluarte es el Dios de Jacob (*Sal 46:10-11*).

Reemplazar la ansiedad con paz implica una decisión. Debemos *dejar* de estar ansiosos. Debemos *calmarnos*. Debemos *cambiar deliberadamente* el enfoque de nuestra atención. La paz interior no es algo que simplemente nos sucede cuando estamos pasivos. Nuestra voluntad debe participar de forma activa. Dios deja esto en claro cuando dice: «Estén quietos, y sepan que Yo soy Dios».

«Estén quietos» también puede traducirse como «Dejen de pelear» (PDT). La palabra hebrea que se traduce como «dejen» significa hundirse o relajarse. Y el término «pelear» es un término que típicamente se refiere a la guerra. La exhortación de Dios puede ser redactada de esta manera: «Estén en paz. Relájense. Yo soy Dios. Ustedes no lo son. Yo soy el vencedor. Soy el Señor de toda la tierra. Y yo soy todo esto... para protegerlos». Esta ilustración del guerrero movió a Martín Lutero a escribir el himno «Castillo fuerte es nuestro Dios». Dios es nuestro castillo; Él es una fortaleza militar: un edificio impenetrable a donde podemos correr para escondernos. Es nuestro baluarte; es nuestro vallado: un muro defensivo que nos protege de enemigos terrenales y espirituales.

El tema de encontrar refugio en Dios permea el Salmo 46. Ciertamente, Él es «nuestro refugio y fortaleza, nuestro pronto auxilio en las tribulaciones» (v. 1). «Por tanto [porque el versículo 1 es verdad], no temeremos» (v. 2). Pero el salmista también revela cómo podemos conectarnos a una fuente de poder presente y continua de protección de Dios. Él nos aconseja: «Vengan, contemplen las obras del Señor» (v. 8). Cuando sentimos que nuestra vida está en conmoción, podemos experimentar la paz de Dios al recordar Sus obras portentosas.

La manera de estar «quietos», dice Dios, es conociéndolo y confiando en Él; creyendo en verdad que Él es quien dice ser. Es Dios. Es soberano. Tiene el control, nosotros no. Por lo tanto, podemos descansar. Podemos relajarnos en nuestro corazón, alma, mente y cuerpo. Mientras más contemplamos las obras del Señor (y meditamos conscientemente en ellas), estaremos más confiados. Dios nos está diciendo: «¡Dejen de preocuparse! Yo obtendré la victoria. Dejen de actuar como si fuera su batalla. Relájense. Descansen en mí. No solo soy el Dios del universo, sino que soy su Dios. Yo seré su paz». El salmo termina repitiendo una verdad clave: «El Señor de los ejércitos está con nosotros; nuestro baluarte es el Dios de Jacob». La presencia de Dios es real. Él no está lejos. Él está con nosotros en todas nuestras pruebas, aflicciones, cambios en la vida y ansiedades. Él está muy cerca de nosotros.

La ansiedad estorba nuestra fe y nubla nuestro enfoque. Nos deshabilita. No quiere que veamos las buenas obras del Señor. Pero podemos poner fin a las preocupaciones al relajarnos en Dios, al remplazar nuestros temores sobre el mañana con confianza en Aquel que tiene el control hoy. Debemos recordar las grandes obras que Dios ha hecho, no solo en la tierra, sino también en nuestra vida. Más que nada, recordemos Su más grande logro: ¡la redención de nuestra alma a través de la obra de Su Hijo!

Reflexiona: Descansar en Dios implica meditar en Su abundante cuidado providencial, la satisfacción de nuestras necesidades y la demostración de Su poder, amor y gracia. ¿Cuáles son algunas de las maneras en las que has visto la fidelidad de Dios en acción en el curso de tu vida?

Actúa: Comienza una sección titulada «Las obras de Dios» en tu diario. Enumera tantas de Sus obras como se te puedan ocurrir, y deja algunas páginas en blanco para que puedas agregar más después.

Actúa: Si te está costando ver las maneras en las que Dios cuida de ti, encuentra un amigo cristiano maduro y pregúntale: «¿Cómo ves la gracia de Dios en mi vida?».

DÍA 29

Siempre recuerda y nunca olvides

Bendice, alma mía, al SEÑOR, y no olvides ninguno de Sus beneficios (*Sal 103:2*).

En el salmo de hoy, David nos da un ejemplo de cómo hablarle a nuestra propia alma (ver v. 1) y no olvidar ninguno de los beneficios del Señor (ver v. 2). Él modela la forma en que un cántico doctrinalmente rico y centrado en Dios puede proclamarle la verdad a nuestra alma al recordarnos Su amor. Cuando alabamos a Dios de manera consciente, redirigimos la mirada de nuestra mente de las preocupaciones ansiosas a las bendiciones divinas que siempre debemos recordar y nunca olvidar. Considera algunos de los beneficios mencionados en este salmo que provienen solo del Señor.

- Dios perdona todas tus iniquidades (ver v. 3).
- Dios sanará todas tus enfermedades (ver v. 3), ya sea en esta vida o en la venidera (ver 1 Co 15:53).
- Dios rescata tu vida (no solo tu alma) de la fosa de la destrucción y la desesperanza (ver v. 4).
- Dios te corona con Su amor inquebrantable, bondad y compasión (ver v. 4).
- Dios te colma de bienes; Él satisfará tu alma (ver v. 5).
- Dios renueva tus fuerzas, haciendo que vueles como las águilas (ver v. 5).
- Dios actúa en rectitud y justicia hacia los oprimidos (ver v. 6).
- Dios es misericordioso y clemente hacia ti (ver v. 8).
- Dios es lento para la ira cuando pecas (ver v. 8).
- Dios es grande en misericordia hacia ti (ver v. 8). Él no la da por medida, sino que la derrama con generosidad.
- Dios no guarda Su enojo hacia ti (ver v. 9). Recuerda que ya ha sido satisfecho (propiciado) en Jesús (ver Ro 3:25).
- Dios no te ha tratado según merecen tus pecados (ver v. 10).
- La misericordia de Dios es grande hacia los que le temen (ver vv. 11, 17).

- Dios ha alejado tus transgresiones, y Su castigo, muy lejos de ti (ver v. 12).
- Dios te conoce y tiene compasión de tu debilidad (ver vv. 13-14).
- La misericordia de Dios es eterna (ver v. 17).
- La justicia de Dios es para los hijos de los hijos (ver v. 17). Él será fiel a Sus promesas.
- El gobierno soberano de Dios domina sobre todo, incluyendo cada detalle de tu vida (ver v. 19).

Tanto antes como después de enumerar estos beneficios de conocer a Dios, el salmista se dice a sí mismo: «Bendice, alma mía, al Señor». Estas portada y contraportada de alabanza nos recuerdan la importancia de proclamarnos a nosotros mismos la verdad bíblica para alimentar nuestra fe.

¿De qué manera es la alabanza deliberada al mismo tiempo un acto de fe y un remedio para la ansiedad? Redirige nuestro enfoque del objeto de nuestras preocupaciones (como la enfermedad, el estrés laboral, los problemas financieros o la pelea de ayer por la noche con tu cónyuge) a Aquel que es soberano sobre todas las cosas. Tus preocupaciones son señuelos que te alejan de Dios, mientras que la alabanza mueve «todo [tu] ser» (v. 1) al Señor.

Reflexiona: Tendemos mucho más a pedir cosas de Dios que a alabarlo. ¿De qué maneras necesitas recordarle a tu alma el amor inquebrantable y la misericordia de Dios? ¿Qué beneficios centrados en Dios te ha otorgado el Señor?

Actúa: Sigue el ejemplo de hoy sobre cómo minar riquezas en lo profundo de un pasaje de las Escrituras al leer el Salmo 121, enumerando las maneras en que Dios es tu ayudador.

DÍA 30

Consérvate en el amor de Dios

Pero ustedes, amados, edificándose en su santísima fe, orando en el Espíritu Santo, consérvense en el amor de Dios, esperando ansiosamente la misericordia de nuestro Señor Jesucristo para vida eterna (Jud 20-21)

Meditar en el amor de nuestro Dios trino es un remedio para la ansiedad. Descansamos en el amor inquebrantable del *Padre*: «Miren cuán gran amor nos ha otorgado el Padre: que seamos llamados hijos de Dios» (1 Jn 3:1). También recordamos el amor del *Hijo* por nosotros, el cual fue desplegado de forma dramática a través de Su muerte voluntaria en lugar nuestro (ver Jn 10:18). Y apreciamos el ministerio del *Espíritu Santo*, quien nos garantiza el amor de Dios al testificarle a nuestro espíritu que somos Sus hijos (ver Ro 8:16).

En vista de tal demostración de gracia divina, encontramos una frase curiosa: «Consérvense en el amor de Dios» (Jud 21). Judas nos ordena permanecer en el círculo del amor de Dios. Esto no significa que tu salvación eterna dependa de que tú mismo te conserves a salvo. Judas deja esto claro en su saludo: «A los llamados, amados en Dios Padre y guardados para Jesucristo» (Jud 1). Los creyentes en Jesús ya están siendo guardados *para* Él *por* Dios. Otros pasajes dan testimonio de esta garantía.[22] Más bien, esta frase significa mantener un enfoque centrado en Dios al obedecer, en oración, la Palabra y esperar el regreso de Jesús. Judas nos enseña que su mandamiento central, «consérvense en el amor de Dios», se lleva a cabo mediante tres disciplinas.

Edificarnos «en [nuestra] santísima fe» significa crecer en nuestro entendimiento y aplicación de la sana doctrina. Significa estar «arraigados y edificados en Él y confirmados en su fe» (ver Col 2:7) para madurar en Cristo (ver Ef 4:13-14). La madurez cristiana es como el fundamento sólido de un edificio. Las preocupaciones pueden ir y venir, pero no nos abruman porque estamos cimentados en Cristo.

Orar en el Espíritu Santo significa orar conforme a la Palabra. A medida que rindes tu corazón y vida a la autoridad de las Escrituras, el Espíritu te llena (te controla; ver Ef 5:17-18). Uno de los frutos de su control es una vida saturada de oración. Perseverar en la oración es esencial para armarte en contra del diablo (ver Ef 6:18) y de todas las preocupaciones que te asolan. En todo esto, puedes descansar confiado en que el Espíritu orará por ti (ver Ro 8:26-27). Una vida llena de preocupaciones puede carecer de oración. Pero una vida de oración lleva toda preocupación al Señor debido a la confianza que tiene en Su cuidado (ver 1 P 5:7).

Esperar el regreso del Señor no es algo pasivo; requiere vivir con una expectativa constante. Nadie sabe cuándo regresará Jesús (ver Mr 13:32). En vez de poner la vista en las preocupaciones temporales de esta vida y hacer crecer nuestra ansiedad como consecuencia, ponemos nuestro enfoque en el final, cuando Cristo regresará. Esta expectativa motiva la santidad y la esperanza en el creyente (ver Lc 12:40; Flp 3:20; 1 Jn 2:28). Es una medida para defendernos de la ansiedad.

Nos conservamos en el amor de Dios mediante estas disciplinas. No obstante, Judas concluye acertadamente que, en última instancia, Dios preserva nuestra fe. «[Él] es poderoso para guardarlos a ustedes sin caída y para presentarlos sin mancha en presencia de Su gloria con gran alegría» (Jud 24).

Reflexiona: Lee Judas 24-25. ¿De qué manera te ofrecen esperanza los últimos versículos de la carta de Judas?

Actúa: ¿De qué maneras necesitas crecer en estas tres disciplinas? Si te sientes débil en estas áreas, acude a un cristiano sabio y pídele que te enseñe y te guíe en tu fe.

DÍA 31

Llama a tu guardia de seguridad

En mi angustia invoqué al Señor, sí, clamé a mi Dios; desde Su templo oyó mi voz, y mi clamor llegó a Sus oídos (*2 S 22:7*).

La presión produce oración. Aunque la oración debe ser una disciplina espiritual constante en cada momento de nuestra vida, nada la evoca tanto como los problemas o la angustia. En el cántico de David registrado en 2 Samuel 22, de inmediato percibimos su angustia, pero también vemos su determinación por invocar al Señor.

En este salmo de acción de gracias, el rey David alaba al Señor por ser su roca, baluarte y libertador, Aquel que, en varias ocasiones, lo libró de sus enemigos (ver vv. 2-4). Las alusiones de David a los problemas son exhaustivas; no se limitan a solo una situación de alto estrés. En repetidas ocasiones en este cántico, David exalta al Señor como su guerrero personal.

En medio de estas palabras de alabanza, hay una revelación del corazón de David que es vital para entender cómo su fe vencía su temor en términos prácticos. En su angustia (un estado de serios problemas, incluyendo estrés y turbación mental), David invoca «al Señor» como su «baluarte»: su guardia de seguridad personal. Dado el número de veces que se encontró en circunstancias agonizantes a lo largo de su vida, invocar al Señor se convirtió en un hábito para David. Fue como logró luchar contra el poder paralizante del temor. Y ¿cómo respondió Dios al clamor de David? «Desde Su templo oyó mi voz, y mi clamor llegó a Sus oídos» (v. 7). La palabra hebrea que se traduce «oyó» ilustra a Dios prestando mucha atención a los clamores del corazón de David. En verdad, su «clamor llegó a Sus oídos». Invocar al Señor no solo es un remedio para la ansiedad, sino que también es esencial para caminar en la voluntad de Dios (ver 1 Ts 5:17-18). Cuando tienes temor, ¿invocas a Dios como lo hizo David? ¡Él se complace mucho en prestar atención a los clamores de Sus hijos!

Sin embargo, algo aún más consolador es verdad. Podemos descansar también en que Jesús entiende nuestra necesidad, porque ha pasado por el mismo camino que nosotros, y ora por nosotros. El Salmo 18 (una variación de 2 Samuel 22 usada para la adoración pública) está lleno de prefuguraciones del Mesías. Como tal, es citado en el Nuevo Testamento y aplicado a Jesús (ver Ro 15:9; He 2:13). Qué adecuado es, entonces, que Jesús sea el Sumo Sacerdote fiel de cada creyente y que «es poderoso para salvar para siempre a los que por medio de Él se acercan a Dios, puesto que vive perpetuamente para interceder por ellos» (He 7:25). Fue esta garantía lo que llevó al ministro Robert Murray M'Cheyne a concluir: «Si yo pudiera escuchar a Cristo orando por mí en la habitación de al lado, no temería a un millón de enemigos. No obstante, la distancia no representa diferencia alguna. Él está orando por mí».[23] En Cristo, tenemos un guardia de seguridad personal que nos «esconderá en Su tabernáculo; en lo secreto de Su tienda [nos] ocultará» (Sal 27:5).

Reflexiona: ¿Qué tan confiado estás en que Dios te escucha cuando clamas a Él?

Reflexiona: Todo plan de batalla para la ansiedad que no incluye la oración constante carece de poder en sí mismo contra los temores que surgen de forma constante. ¿Qué palabras usarías actualmente para describir tu vida de oración? ¿Qué cambios debes realizar?

Actúa: Lee el Salmo 18 completo con tus «lentes de Jesús» puestos. Busca ejemplos de cómo los sufrimientos de Jesús y Su respuesta de fe a Dios fueron prefigurados por las palabras y experiencias del rey David.

Actúa: Ora el cántico de David y apròpialo.

Conclusión

«Vuelve, alma mía, a tu reposo»

Comenzamos nuestra aventura de treinta y un días pensando en la honestidad emocional de las Escrituras. La ansiedad y sus parientes (el temor, el pánico y la preocupación) son experiencias humanas comunes. Minimizar esto o negarlo no es nada beneficioso. Estas cosas te lastiman.

Después transitamos diversos senderos de sabiduría bíblica, ayuda y consejo. A través de todo, hemos aprendido que pelear contra la ansiedad con la suficiencia de la gracia de Dios requiere la disciplina de la meditación bíblica. La Palabra de Dios es poderosa. Es necesario regresar constantemente a ella y meditarla mientras luchas contra tus preocupaciones.

La meditación bíblica implica hablarnos a nosotros mismos: hacer lo que hace el salmista en Salmo 116:7: «Vuelve, alma mía, a tu reposo, porque el Señor te ha colmado de bienes». Tu fe crece a medida que te aseguras más del amor de Dios al hablarle palabras de verdad bíblica a tu alma ansiosa. ¿Sobre qué base le recuerda el salmista a su alma que debe descansar? Él recuerda la bondad del Señor. Al igual que el salmista, recuerda cuán bondadoso ha sido —y sigue siendo— el Señor en Su relación contigo.

Pero ¿qué significa volver al reposo? ¿Cómo ejercemos la memoria espiritual en términos prácticos? En nuestra lucha contra la preocupación, ¿cómo recordamos la bondad de Dios hacia nosotros? Permíteme dejarte con cuatro exhortaciones.

Recuerda la certeza de las promesas de Dios

Las promesas de Dios son verdades sólidas que siempre son confiables porque reflejan Su carácter fiable y soberanía. Charles Spurgeon dijo una vez: «Para encontrar la paz, nuestros pensamientos incrédulos deben ser acallados, y debemos aprender que el Señor reina».[24] En Cristo, tenemos bendiciones sin medida, «pues tantas como sean las promesas de Dios, en Él todas son sí» (2 Co 1:20). Reflexiona en Su fidelidad, y cultiva un corazón agradecido por todo lo que te pertenece en Jesucristo (ver Ef 2:6-7).

Recuerda la gracia de la salvación

La paz de Dios fluye de nuestra paz con Dios. Por lo tanto, reflexiona en la sublime gracia de Dios que fue activada por Su amor redentor por ti (ver Jn 3:16-18). Nunca des por hecho el regalo de Su Hijo, quien murió en tu lugar, soportó la ira de Dios contra tu pecado y fue levantado de entre los muertos para darte vida nueva. Jesús hizo todo esto para demostrar públicamente que ahora hay acceso libre a la presencia de Dios para todos los que confían en Cristo (ver Ro 4:25; 1 P 3:18; 1 Jn 4:10). Es solo por medio de Jesús que «hemos obtenido entrada por la fe a esta gracia en la cual estamos firmes, y nos gloriamos en la esperanza de la gloria de Dios» (Ro 5:2).

Recuerda el cuidado de tu Padre celestial

Cuando la ansiedad y las preocupaciones distraigan a tu alma de aferrarse a Dios como el objeto de tu más profunda devoción, nunca olvides que el Padre celestial conoce todas tus necesidades y te ama más de lo que podrías imaginar (Mt 6:25-34). Cuando estas mismas distracciones opriman tu esperanza y asfixien tu gozo, recuerda a Aquel que te dio Su más grande tesoro: «El que no negó ni a Su propio Hijo, sino que lo entregó por todos nosotros, ¿cómo no nos dará también junto con Él todas las cosas?» (Ro 8:32).

Recuerda tu dependencia de la oración

Echa tus ansiedades sobre el Señor (ver 1 P 5:7) y deja que la paz de Dios reine en tu corazón (ver Flp 4:6-7). Mata el orgullo de la independencia cultivando la constancia en tu vida de oración (ver 1 Ts 5:17). Invoca al Señor siempre que te encuentres en angustia (ver Sal 18). Pídele a Dios que haga que tu respuesta normal a la preocupación sea siempre acudir a Él.

La batalla contra la ansiedad requiere disciplina continua: renovar tu mente con la verdad de la Biblia, reenfocar los afectos de tu corazón a Dios y refrescar tu alma en el manantial de la gracia. No puedes ser pasivo en tu lucha contra la ansiedad. Es demasiado fácil que las preocupaciones abrumen tu vida. A medida que alimentes tu alma con las Escrituras, te apoyes en Dios como tu cuidador confiable y cultives un corazón agradecido, descubrirás que, poco a poco, tu ansiedad se desvanece en comparación con la gracia que se encuentra en Jesús.

¿Qué sigue adelante?

Casi hemos terminado. Luchar contra la ansiedad y las preocupaciones es un trabajo de toda la vida. Ahora que has terminado este devocional, ¿qué debes hacer?

Vuelve a leer este devocional

La ansiedad es como una invasión de molestas termitas que se rehúsan a marcharse. Encuentras la victoria, creces en tu confianza en el Señor y haces morir muchas de tus preocupaciones... pero meses después, descubres que se están infiltrando de nuevo. Si eso sucede, regresa a este devocional y vuélvelo a leer para fortalecerte en momentos de preocupación.

Apropia las Escrituras

Hemos estudiado treinta y un pasajes y visto su relevancia con respecto a nuestra ansiedad. Si el Espíritu Santo ha usado de forma especial algunos de estos pasajes en tu vida, aprópialos. Memorízalos. Medita en ellos. Escríbelos en una tarjeta y repásalos cuando estés luchando. Óralos. Compártelos con amigos cercanos. Hazlos parte esencial de tu lucha contra la ansiedad.

Únete a una iglesia que predique el evangelio

Si no asistes a una iglesia que predique el evangelio, entonces lo más importante que puedes hacer por tu alma es unirte a una. La vida cristiana nunca debe ser una aventura individual. Es más fácil luchar contra nuestras ansiedades en el contexto de una comunidad amorosa, centrada en Cristo y llena del evangelio. Encuentra una iglesia local que esté comprometida a proclamar que la Palabra de Dios es verdad y, luego, únete a ella. Asiste cada semana para que tu alma sea alimentada con la verdad.

No pelees solo esta batalla

Muchos de los devocionales te pidieron que buscaras a un pastor o amigo cristiano maduro. «El que vive aislado busca su propio deseo, contra todo consejo se encoleriza» (Pr 18:1). Aislarte te lleva a enfocarte sólo en tus propios deseos. Cuando te unas a una iglesia que predique el evangelio, comprométete a conocer a otros creyentes y dejar que ellos te conozcan a ti. Toma el riesgo de exponerles tus problemas a otros y de darles la oportunidad de amarte a ti también.

Si tus ansiedades te han paralizado, busca ayuda

Cuando las ansiedades están arruinando tu vida, es un buen momento para encontrar un consejero centrado en Cristo. Se necesita humildad para tomar este siguiente paso, y el orgullo puede estorbarte. Dios resiste a los soberbios, pero da gracia a los humildes (ver Stg 4:6).

Lee los recursos que se encuentran al final del libro

Si quieres más que leer, revisa los folletos y los libros que se encuentran en la sección de «Recursos sugeridos para la batalla». ¿Por qué no incluir en tu lectura anual un folleto o libro profundo sobre cómo luchar contra la ansiedad?

Toma una perspectiva de largo plazo respecto a tus preocupaciones

Como compañero tuyo en la lucha, te dejo con un último pensamiento para meditar. Ya que vivimos en cuerpos caídos que caminan sobre un mundo caído, nuestra ansiedad nunca será eliminada por completo... por ahora. Pero llegará el día cuando seremos liberados plenamente de toda debilidad y pecado. Imagínate esto: en la gloria, viviremos con el Señor y lo adoraremos en comunión constante por toda la eternidad.

> Entonces oí una gran voz que decía desde el trono: «El tabernáculo de Dios está entre los hombres, y Él habitará entre ellos y ellos serán Su pueblo, y Dios mismo estará entre ellos. Él enjugará toda lágrima de sus ojos, y ya no habrá muerte, ni habrá más duelo, ni clamor, ni dolor, porque las primeras cosas han pasado» (Ap 21:3-4).

El Señor enjuagará nuestras lágrimas. Ya no habrá más pecado ni sufrimiento, así que no habrá más muerte, ni duelo, ni clamor ni dolor. Tampoco habrá más ansiedad. Qué pensamiento tan maravilloso... ¡no más lucha! Lo único que importará será nuestra adoración al Señor.

Mientras esperamos ese día glorioso, debemos repetirnos a nosotros mismos: «Vuelve, alma mía, a tu reposo, porque el SEÑOR te ha colmado de bienes». Recordémonos constantemente la bondad del Señor en nuestra lucha contra la ansiedad.

Reconocimientos

Estoy agradecido por mi esposa, Karen, quien se ha mantenido a mi lado en fidelidad y gracia constantes durante más de tres décadas de matrimonio y durante casi ese mismo tiempo de ministerio cristiano. Su amor infalible por Dios, primero que nada, y luego por mí durante momentos de gozo y de dolor me concede fortaleza y ánimo. Ella es una verdadera ayuda que fue diseñada por Dios especialmente para mí. En el cielo, su recompensa será grande, pues «sus obras la [alaban] en las puertas de la ciudad» (Pr 31:31).

También estoy agradecido por mis hijos y sus cónyuges, cuyo continuo honor, amistad y progreso en Cristo me llena de humildad. Por los amigos que me han mostrado el amor cristiano; Salomón no exageró su valor. Ciertamente, «hay amigo más unido que un hermano» (Pr 18:24). Y por la influencia santificadora de esos mismos amigos. De nuevo, Salomón no sobreestimó su valor. «Fieles son las heridas del amigo, pero engañosos los besos del enemigo» (Pr 27:6).

Por la congregación de Cornerstone Community Church (Iglesia Comunitaria Piedra Angular), cuyo amor por Cristo, la Palabra y los unos por los otros ha creado una atmósfera de gozo y de gracia santificadora. Por mis compañeros ancianos, quienes ejemplifican el amor de Cristo, un carácter piadoso, lealtad a las Escrituras y el fruto del Espíritu. Mi familia sabe que es un honor ser parte de una familia en la iglesia cuyos miembros «han sido enseñados por Dios a amarse unos a otros» (1 Ts 4:9).

Más que nada, estoy agradecido por la increíble providencia del Señor, cuya dirección divina de mi vida me asombra. La combinación de soberanía, sabiduría y bondad de mi Salvador nunca me ha fallado. El salmista lo dice mejor que yo:

> El Señor es la porción de mi herencia y de mi copa;
> tú sustentas mi suerte.
> Las cuerdas me cayeron en lugares agradables;
> en verdad es hermosa la herencia que me ha tocado (Sal 16:5-6).

Notas

1. Ver Jonathan Leeman, *Reverberation: How God's Word Brings Light, Freedom, and Action to His People* [*Iglesia centrada en la Palabra: cómo la Biblia trae vida y crecimiento al pueblo de Dios*] (Chicago: Moody, 2011), 19.
1. Ver «Síndrome del corazón roto» [en línea], Mayo Clinic. [Consulta: 12 de octubre de 2022]. Disponible en: www.mayoclinic.org/es-es/diseases-conditions/broken-heart-syndrome/symptoms-causes/syc-20354617.
2. Para ver más sobre cómo el sufrimiento mental de Pablo fue consecuencia de su sufrimiento físico, lee el contexto de este versículo en 2 Co 1:8-11; 11:16-33.
3. Cuando David dice en el versículo 13 que Dios formó nuestras «entrañas», la palabra hebrea que utiliza se refiere a nuestra naturaleza emocional.
4. Dos libros escritos por médicos cristianos que proveen información útil sobre este tema son Charles D. Hodges, *Good Mood, Bad Mood: Help and Hope for Depression and Bipolar Disorder* [*Buen ánimo, mal ánimo: ayuda y esperanza frente a la depresión y el trastorno bipolar*] (Wapwallopen, PA: Shepherd Press, 2013) y Michael R. Emlet, *Descriptions and Prescriptions: A Biblical Perspective on Psychiatric Diagnoses and Medications* [*Descripciones & prescripciones: una perspectiva bíblica sobre los diagnósticos y medicamentos psiquiátricos*] (Greensboro, NC: New Growth Press, 2017).
5. Citado en Laura Hendrickson, «The Complex Mind/Body Connection» [«La compleja conexión entre mente y cuerpo»], en *Christ-Centered Biblical Counseling: Changing Lives with God's Changeless Truth* [*Consejería bíblica Cristo-céntrica: cambiando vidas con la verdad inmutable*], ed. James MacDonald, Bob Kellemen y Steve Viars (Eugene, OR: Harvest House Publishers, 2013), 421. Puedes leer el libro del testimonio de Bob en Robert B. Somerville, *If I'm a Christian, Why Am I Depressed? Finding Meaning and Hope in the Dark Valley; One Man's Journey* [Si soy cristiano, ¿por qué estoy deprimido? Cómo encontrar significado y esperanza en el valle oscuro; el viaje de un hombre] (Maitland, FL: Xulon Press, 2014).

6. Joseph S. Carroll, *How to Worship Jesus Christ: Experiencing His Manifest Presence Daily* [*Cómo adorar a Jesucristo*] (Greenville, SC: Great Commission, 1984), 29.
7. Walter A. Elwell, ed., *Baker Encyclopedia of the Bible* [Enciclopedia Baker de la Biblia], vol. 1, A–I (Grand Rapids: Baker Book House, 1988), 539.
8. Tanto el esmerarse por alcanzar la excelencia como una ética de trabajo diligente son buenas en su lugar adecuado. El problema aquí es cuando la motivación es el desempeño.
9. Philip De Courcy, *HELP! I'm Anxious* [¡AYUDA! Siento ansiedad] (Wapwallopen, PA: Shepherd Press, 2018), 18.
10. Selena Rezvani, "Why Complaining Is Killing Your Reputation at Work" [Por qué el quejarte está destruyendo tu reputación en el trabajo] [en línea], Forbes, 11 de julio de 2014. [Consluta: 26 de abril de 2025]. Disponible en: www.forbes.com/sites/work-in-progress/2014/07/11/why-complaining-is-killing-your-reputation-at-work/#1aca7a324bb9.
11. Ver Walter A. Elwell, ed., *Baker Encyclopedia of the Bible* [Enciclopedia Baker de la Biblia], vol. 2, J–Z (Grand Rapids: Baker Book House, 1988), 1224.
12. D. Martyn Lloyd-Jones, *Spiritual Depression: Its Causes and Its Cure* [*Depresión espiritual: sus causas y su cura*] (Grand Rapids: Wm. B. Eerdmans Publishing Company, 1965), 82.
13. Jesús es la vid y nosotros, los sarmientos (ver Jn 15:5)
14. Paul Tautges, *Counseling One Another: A Theology of Interpersonal Discipleship* [Aconsejarnos los unos a los otros: una teología del discipulado interpersonal] (Wapwallopen, PA: Shepherd Press, 2016), 77.
15. Andrew Murray, *Humility* [*La humildad: la hermosura de la santidad*] (reimp., New Kensington, PA: Whitaker House, 1982), 97-98.
16. Estoy en deuda con el con el Dr. William Varner de la Master's University (Universidad del Maestro) en Santa Clarita, California por este sencillo bosquejo del Salmo 3. Ver William Varner, «Psalm Three "Advice for Insomniacs"» [«El salmo tres "consejos para los insomnes"»], [en línea]. Facebook, 24 de septiembre de 2016. [Consulta: 1 de mayo de 2025]. Disponible en: www.facebook.com/william.varner.12/posts/10157391347140468.

17. Traducción tomada de Alec Motyer, *Psalms by the Day: A New Devotional Translation* [Salmos para cada día: una nueva traducción devocional] (Fearn, UK: Christian Focus, 2016), 16.
18. Motyer, 16n12.
19. Ver Motyer, 16.
20. Traducción tomada de Motyer, 16.
21. Brian S. Borgman, *Feelings and Faith: Cultivating Godly Emotions in the Christian Life* [Los sentimientos y la fe: cómo cultivar emociones santas en la vida cristiana] (Wheaton, IL: Crossway Books, 2009), 126.
22. Vemos que los cristianos son guardados por el poder de Dios para una herencia eterna (ver 1 P 1:3-5), que son regalos del Padre al Hijo (ver Jn 10:29; 17:9, 24), que nada los puede separar del amor de Dios (ver Ro 8:31-39) y que han sido sellados de forma permanente por el Espíritu Santo (ver Ef 1:13-14; 4:30). Él mismo es el anticipo de la redención de Su pueblo, la garantía de que hay algo más por venir.
23. Andrew Bonar, *Robert Murray M'Cheyne* [*La vida de Robert Murray M'Cheyne*] (Edimburgo: Banner of Truth, 1960), 179.
24. Charles H. Spurgeon, *Morning and Evening: A New Edition of the Classic Devotional Based on The Holy Bible, English Standard Version* [Mañana y tarde: una nueva edición del clásico devocional basado en la Santa Biblia, English Standard Versión], revisado y actualizado por Alistair Begg (Wheaton, IL: Crossway, 2003) [en línea] «Blameless!» Truth For Life, 10 de octubre de 2018. [Consulta: 2 de mayo 2025]. Disponible en: www.truthforlife.org/resources/daily-devotionals/10/10/0/.

Recursos sugeridos para la batalla

Folletos y libros cortos

De Courcy, Philip. *HELP! I'm Anxious* [¡AYUDA! Siento ansiedad]. Wapwallopen, PA: Shepherd Press, 2018. [Una exposición y aplicación alentadora de la sección del Sermón del monte donde Jesús enseña sobre las preocupaciones. Contiene proyectos prácticos de aplicación que ayudarán a los lectores a apropiar las promesas de Dios. Este recurso es excelente para consejería y para grupos pequeños, además de para el estudio personal].

Jones, Robert D. *¿Por qué te preocupas? entendiendo la causa de tu ansiedad*. Graham, NC: Publicaciones Faro de Gracia, 2021. [Robert Jones, pastor, consejero bíblico y profesor de seminario, explica y aplica las palabras de Jesús sobre la preocupación. También comparte testimonios alentadores de otros que sufren por la ansiedad pero que han encontrado consuelo en la Palabra de Dios].

Kellemen, Robert W. Anxiety: Anatomy and Cure [*La ansiedad: su anatomía y cura*]. Phillipsburg, NJ: P&R Publishing, 2012. [El pastor y consejero bíblico, Bob Kellemen, nos enseña a tratar nuestras emociones con honestidad y, al mismo tiempo, nos llama a un estilo de vida de sumisión diaria a la mente de Cristo].

Newheiser, Jim. *HELP! I Need a Church* [¡AYUDA! Necesito una iglesia]. Wapwallopen, PA: Shepherd Press, 2016. [Jim Newheiser, pastor y consejero de amplia experiencia, nos ofrece dirección bíblica y práctica sobre cómo encontrar una iglesia local que alimente tu fe y te ayude a crecer en tu relación con Cristo].

Powlison, David. *Preocupación: buscando un mejor camino hacia la paz*. Graham, NC: Faro de Gracia, 2020. [David Powlison, consejero bíblico e instructor, profundiza en los mecanismos internos de la preocupación y nos muestra cómo Jesús es la única fuente verdadera de paz].

Libros

Duguid, Barbara R. *Streams of Mercy: Prayers of Confession and Celebration* [Ríos de misericordia: Oraciones de confesión y celebración]. Editado por Iain M. Duguid. Phillipsburg, NJ: P&R Publishing, 2018. [En semejanza del clásico puritano *El valle de la visión*, esta colección actual de llamados bíblicos a la confesión, a la oración y al perdón enriquecerá tu devocional personal].

MacArthur, John. *FOUND: God's Peace; Experience True Freedom from Anxiety in Every Circumstance* [ENCONTRADA: La paz de Dios; Experimenta la verdadera Libertad de la ansiedad en toda circunstancia]. Colorado Springs: David C. Cook, 2015. [MacArthur comparte principios para ayudarte a superar la ansiedad y enfatiza la importancia de reemplazar la preocupación con oración, pensamientos correctos y aplicación de la Palabra de Dios].

Tautges, Paul. *Pray about Everything: Cultivating God-Dependency* [Ora por todo: Cómo cultivar la dependencia en Dios]. Wapwallopen, PA: Shepherd Press, 2017. [Un libro que busca llamar a los creyentes a una vida de dependencia de Dios, la cual ponemos en práctica más que nada al aprender a orar bíblicamente].

Welch, Edward T. *Running Scared: Fear, Worry, and the God of Rest* [Huir aterrados: el temor, la preocupación y el Dios del descanso]. Greensboro, NC: New Growth Press, 2007. [Explora cómo el temor echa raíces en nuestra vida y cómo nuestra búsqueda de la buena vida nos hace «huir aterrados» constantemente. El autor nos anima a descubrir cómo la Biblia está llena de palabras hermosas de aliento y de paz para personas temerosas].